BREVE HISTORIA
DE LOS DERECHOS HUMANOS

PASQUALE GIANNITI

BREVE HISTORIA
DE LOS DERECHOS HUMANOS

EDICIONES RIALP
MADRID

© 2025 *by* PASQUALE GIANNITI
© 2025 *by* EDICIONES RIALP, S. A.,
Manuel Uribe 13-15 - 28033 Madrid
(www.rialp.com)

Preimpresión: www.produccioneditorial.com

ISBN (edición impresa): 978-84-321-7196-3
ISBN (edición digital): 978-84-321-7197-0
ISBN (edición bajo demanda): 978-84-321-7198-7
ISNI: 0000 0001 0725 313X
Depósito legal: M-16745-2025
Impreso en Anzos, S. L., Fuenlabrada (Madrid)

*En memoria de mi madre,
que recientemente se ha reunido con mi padre.*

ÍNDICE

INTRODUCCIÓN

En el origen de los tiempos*, la primera y última palabra era el «derecho de la fuerza»[1].

La relación entre los hombres estaba determinada esencialmente por las relaciones de poder, que podían variar entre una situación de supremacía absoluta de uno sobre otro y una situación de equilibrio. La forma en la que se puso en práctica esta relación de fuerza influyó directamente en la posibilidad concreta de satisfacer los intereses de unos y otros. En esencia, se creó una jerarquía de intereses que se protegían en mayor o menor medida

---

(*) El presente estudio constituye una reelaboración razonada de dos artículos, ya publicados por el autor en 2024 en la Revista Jurídica Austral de la Universidad Austral de Buenos Aires, bajo el título *El largo camino de los derechos de la persona* (vol. 5, n.º 2) y *Pensamiento social cristiano y derechos de la persona* (vol. 5, n.º 1).

[1] Amadio-Checchini, *Lezioni di diritto privato*, Torino, 2020, p. 3.

según las normas de relación establecidas entre quienes pasaban a formar parte del grupo.

En una etapa posterior, la toma de conciencia de la relación existente entre los miembros del grupo, basada en el poder conquistado por unos y la capacidad de imponerlo, condujo a un uso sistemático de reglas que establecían, en hipótesis individuales de conflicto, cómo debía comportarse un sujeto frente a otro.

En las sociedades primitivas, las normas de comportamiento se refieren inicialmente al uso de determinados bienes o territorios, a la vida o a la integridad física de la persona. Por ejemplo, se establece que entre dos sujetos en conflicto por el uso de una cosa debe prevalecer el que primero tomó posesión de ella. O, en el conflicto entre el interés del individuo y el interés del grupo social, en una circunstancia determinada (por ejemplo, cuando está en juego la defensa del grupo), se decide que prevalezca el interés de la comunidad aun a costa de la vida del individuo.

A medida que la sociedad se hace más compleja, se producen normas que guían la vida de toda la comunidad, así como las relaciones entre los individuos: primero, normas sobre la elección de líderes y normas que prohíben determinados comportamientos por el bien de la sociedad; y, después, normas sobre cómo formar nuevas reglas[2].

---

[2] Secondo Hart (ID, *Il concetto di diritto*, Torino, 2002, p. 51), esto «no sólo es un paso importante, sino que puede considerarse con razón el paso del mundo prejurídico al mundo jurídico». Y, en palabras de Norberto Bobbio (ID., *Contributi ad un diziorario giuridico*, Torino, p. 203), la transición de la normatividad social a la normatividad jurídica da lugar a la institución de «normas de segunda instancia o metanormas, cuya función es regular

Puede decirse que en esta época nació un primer embrión de derecho[3] (entendido como un conjunto de normas conocidas y respetadas por las personas) y, con él, se estableció el anhelo de que el «derecho de la fuerza» fuera sustituido por la «fuerza del derecho». En esta perspectiva, el derecho aparece ante todo como un fenómeno social destinado a garantizar la coexistencia en un grupo ordenado de varios sujetos, portadores de intereses distintos[4].

Bien, los derechos humanos tienen su fundamento en la propia naturaleza y dignidad de la persona humana[5]: esta es la razón principal de su propio nombre.

---

aquellos actos humanos particulares que son los actos productores de normas».

[3] En nuestros tiempos también se recurre al uso de la fuerza, pero dicho uso sólo es un recurso extremo al cual recurrir cuando no se respetan las normas de convivencia: la aplicación de sanciones, por tanto, está sujeta a normas determinadas.

[4] COTTA, *Il diritto nell'esistenza. Linee di ontofenomenologia giuridica*, Milano, 1991, pp. 64, 69, 169-186. El autor sostiene que la observación más elemental del fenómeno jurídico empírico nos permite ver que se constituye para satisfacer necesidades existenciales fundamentales de la persona humana: la seguridad frente a los demás, la cooperación con los demás y la duración a través de los demás; y para verificar la anterior afirmación examina a modo de ejemplo cuatro instituciones jurídicas (la propiedad, la sucesión, la asociación y la sentencia, entendida esta última como la decisión de los litigios contenciosos), que, aunque con diferentes determinaciones formales y sustantivas, se encuentran en las más variadas culturas y, por tanto, puede decirse que son típicas de la experiencia jurídica en general.

[5] Con la cautela que hay que tener siempre que se transponen conceptos de la modernidad a la antigüedad, en el ordenamiento jurídico romano —al menos desde la época de los juristas del Principado hasta la época de Constantino— ha habido siempre una continuidad en la

Su característica esencial reside en que no son otorgados por algún poder, independientemente de cómo quiera considerarse su contenido (sólo jurídico, o jurídico y moral al mismo tiempo)[6].

Desde su configuración conceptual, los derechos humanos vinieron a recordarnos que la juridicidad preexiste a la organización institucional y a los procedimientos legislativos.

En las páginas que siguen, nuestra reflexión se centrará en las distintas etapas que ha recorrido hasta ahora la historia de los derechos de la persona; comentaremos el pensamiento socialcristiano y algunas propuestas sugeridas por la coyuntura histórica actual.

En el ámbito de los derechos de la persona, el camino recorrido hasta ahora ha sido largo y difícil.

No menos largo y difícil es el camino que queda por recorrer.

___

consideración de la centralidad y prioridad de la persona humana en todo el derecho. Y aunque no pueda decirse que el Derecho romano haya conocido situaciones subjetivas que puedan remontarse a las que hoy denominamos derechos humanos, sí puede afirmarse con certeza que el Derecho romano ha construido sobre el nexo persona-derecho una experiencia y una civilización jurídica que ha llegado hasta nuestros días.

[6] TRUJILLO-VIOLA, *What human rights are not (or not only)*, Nueva York, 2014.

I.
LOS DERECHOS DE LA PERSONA
EN LA HISTORIA

1. LA FASE DE TEORIZACIÓN TEMPRANA

En los textos religiosos de todas las sociedades antiguas se pueden encontrar principios de derechos humanos: los Vedas hindúes, el Tanáj judío, la Biblia cristiana (especialmente en los libros Éxodo, Levítico, Números y Deuteronomio del Antiguo Testamento), el Corán islámico y los Diálogos confucianos figuran entre los escritos más antiguos que abordan la cuestión de los derechos humanos y los deberes y responsabilidades.

El reconocimiento más antiguo de los derechos humanos, del que queda algún rastro, se remonta al año 539 a. C., cuando Ciro el Grande, rey de Persia (actual Irán), conquistador de la ciudad de Babilonia (actual Irak), conocido como gobernante ilustrado y ejecutor de una política libertaria especialmente a favor de los vencidos, reconoció los primeros derechos inviolables[1].

Su decreto quedó grabado en un cilindro de barro, con escritura cuneiforme en lengua acadia, conocido hoy como el Cilindro de Ciro, que se encontró en 1879 en las ruinas de Babilonia. Los preceptos de Ciro el Grande se han traducido a las seis lenguas oficiales de las Naciones Unidas, y los cuatro primeros artículos de la Declaración de 1948 se hacen eco del espíritu y los principios consagrados en las normas dictadas por el gran líder.

Hoy, el Cilindro de Ciro pertenece a la colección del Museo Británico, pero una copia se conserva en la sede de las Naciones Unidas en Nueva York como advertencia: siempre que la comunidad humana se ha desviado del respeto de los derechos fundamentales e inviolables de la persona, se ha deslizado hacia derivas dramáticas, que han marcado los momentos más oscuros y graves de su historia.

1.1. La cultura grecorromana

La primera teorización de los derechos de la persona humana —y, más en general, la afirmación de una ley no escrita, fundamento de los derechos humanos— se coloca en el pensamiento de algunos filósofos y escritores de la cultura griega: Heráclito habla de una ley universal

---

[1] A instancias de Ciro el Grande se abolió la esclavitud (y, por tanto, se favoreció el regreso de los pueblos deportados a sus patrias, circunstancia que permitió el fin del cautiverio babilónico para el pueblo de Israel); se concedió la libertad de culto; se reconoció la igualdad de razas y se afirmó el respeto a las tradiciones y cultura de los vencidos.

16

fundada en el *logos* divino[2]; para Sófocles, las *agrapta nomina*, es decir, las leyes no escritas pero presentes en el espíritu humano por obra de los dioses, son el último baluarte contra la tiranía[3]; Epicteto habla de la común y elevada dignidad moral y jurídica del hombre[4] como criatura de Dios.

En términos más generales, el problema de la diferencia entre orden estatal legítimo e ilegítimo, que sigue siendo relevante hoy en día, fue tratado por Polibio en su *Historia de Roma*, siguiendo los resultados ya alcanzados por Platón y Aristóteles. En particular, por lo que respecta a la democracia[5], Polibio afirmó que no puede decirse

---

[2] HERÁCLITO, Leucipo, fr. 2.

[3] SÓFOCLES, *Antígona*, 454-460. Sobre el *agraphos nomos*, véanse también las concisas pero profundas reflexiones de D'AGOSTINO, *Corso breve di filosofia del diritto*, Turín, 2011.

[4] Cfr. POLIBIO, *Storie*, Diatribai I, 3.1.

[5] La democracia es definida generalmente como un sistema constitucional pluralista. La fórmula es afortunada en la medida en que ayuda a comprender que la democracia no es otra cosa que la constitucionalización de la regla del pluralismo, que permite que la diversidad (social, política, cultural, etc.) sea productiva a través de sus contrastes.

Sin embargo, la democracia se limita a regular la dinámica del pluralismo y a resolver los conflictos que de él se derivan. Queda el problema de cómo establecer qué es el bien común para una sociedad de ciudadanos libres y, en particular, si el mero número de votos es suficiente.

En las Constituciones modernas, el control de la legitimidad de las leyes, en virtud del principio de razonabilidad, permite declarar la ilegitimidad constitucional de disposiciones legales intrínsecamente irrazonables por incongruentes, contradictorias e injustas. Así, la ley no es legítima por el mero hecho de estar legalmente formada, como expresión de la voluntad soberana de una mayoría parlamentaria, sino que encuentra un límite infranqueable en la razonabilidad de lo que

que un Estado sea democrático cuando cualquier masa de ciudadanos —incluso mayoritaria— es dueña de hacer lo que le plazca: según Polibio, el fundamento del poder, incluso en una democracia, no reside *sic et simpliciter* en su ejercicio, por muy validado formal y procedimentalmente que esté, sino que depende del contenido de las acciones promovidas, que deben compararse constantemente con las leyes no escritas que preservan el bien humano, promoviendo su auténtico desarrollo.

A la rica tradición griega se unió después la gran tradición doctrinal y jurisprudencial romana[6]: «Ciertamente

---

promulga: la mayoría no puede, por el mero hecho de serlo, imponer leyes arbitrarias, incongruentes, incoherentes, injustas y lesivas de valores fundamentales de la civilización jurídica. En este aspecto, aunque limitado, el constitucionalismo moderno restablece esa conexión entre derecho y justicia, sobre cuya base nació el derecho.

[6] A Roma hay que atribuir la primera ordenación de la libertad y el primer sistema de protección de los particulares en sus relaciones con el poder público. Ya la ley de las Doce Tablas (451 a. C.) puede considerarse una forma temprana de texto constitucional, pues tuvo el mérito de definir con certeza las normas del *Ius Quiritium*, permitiendo la accesibilidad y el conocimiento a todos (antes, la ley estaba envuelta en sacralidad y misterio y se confiaba exclusivamente a la memoria de los *pontiacs*, expresión de grupos oligárquicos restringidos, que pretendían imponer su hegemonía a los plebeyos y a los pueblos patricios contrarios). Bajo el emperador Trajano (98-117) se encomendó al *Curator Civitatis* la protección de la infancia: a Trajano se debe la *lex institutio alimentaria*, en favor de los niños necesitados de la Italia romana (las fuentes narran que el emperador tomó de su patrimonio personal las sumas necesarias para garantizar un futuro sereno a cientos de niños necesitados, legítimos e ilegítimos, especialmente en el campo). Con el emperador Valentiniano (364-375) se creó el *Defensor Civitatis* para defender a los plebeyos de las ciudades de los abusos cometidos contra ellos por

—enseñaba Cicerón[7]— hay una ley verdadera: es la recta razón; está de acuerdo con la naturaleza; se encuentra en todos los hombres; es inmutable y eterna; sus preceptos llaman al deber y sus prohibiciones alejan del error [...]. Es un delito sustituirla por una ley contraria; está prohibido no practicar una sola de sus disposiciones; nadie tiene entonces la posibilidad de derogarla por completo».

Así, desde la antigüedad grecorromana está claro que la democracia sólo puede existir si la mayoría respeta ciertas premisas básicas del orden social, entre ellas los derechos inviolables del hombre[8].

---

los *honorati* (es decir, los que tenían o habían tenido cargos públicos), especialmente en materia de recaudación de impuestos.

[7] CICERÓN, *De re publica*, 3, 22, 33.

[8] El derecho romano consideraba al concebido aún no nacido (el *nasciturus*) como un ser humano o individuo que, como tal, era sujeto de derechos, e incluso podía ser destinatario de bienes testamentarios. Así, el *Digesto* de JUSTINIANO reconoce la condición jurídica del *nasciturus* como ser humano («*Qui in utero sunt [...] intelliguntur in rerum natura esse*»: D.1.5.26); y, por tanto, debía ser considerado titular de derechos, como si hubiera nacido («*Nasciturus pro iam nato habetur*»: D.1.5.7), cuando se trataba de su ventaja (*commodum*).

El *ius civile* de la antigua Roma supuso un cambio cualitativo en toda la civilización jurídica. De hecho, el niño no nacido fue considerado jurídicamente como un ser humano a lo largo de los siglos siguientes en muchos códigos constitucionales y civiles de áreas geográficas y culturales muy distantes: no sólo en el mundo latino, romano e ibérico (Italia, España, Argentina, Brasil, Uruguay, Perú, Chile, etc.), sino también en el derecho germánico (véase, por ejemplo, la sentencia de 28 de mayo de 1993 del Tribunal Constitucional de la República Federal de Alemania) e incluso en el Código Civil de Japón (art. 721).

1.2. El advenimiento del cristianismo

La llegada del cristianismo y su difusión por el mundo han conservado todas las adquisiciones de la *recta ratio* de la filosofía moral y de la ciencia jurídica de la cultura grecorromana[9], desarrollándolas y enriqueciéndolas.

Para no anticipar temas que se tratarán en el capítulo siguiente, permítanme recordar sólo que —para el cristianismo y, en cierta medida, para todas las religiones monoteístas— la persona humana no sólo es el ser más elevado en la escala de la vida, por la inteligencia y la libertad de que goza, sino que también es el único ser que ha sido creado para sí mismo[10] y que en ningún caso puede ser tratado sólo como un medio, sino que siempre debe ser tratado como un fin: en este sentido, existe plena correspondencia entre el cristianismo y la lección kantiana[11].

---

[9] Los lógicos medievales llamaban *ratio* a la relación entre el *verbum*, es decir, el *signum*, la palabra, y la *res* identificada por ella. La *Recta ratio* se refiere a la relación justa, a la coincidencia entre la imagen de la cosa y la cosa misma. Cada palabra, en efecto, puede ser una imagen verdadera o una imagen deformada de lo real: el riesgo de nuestros razonamientos es el de hacernos vivir en un mundo de fantasmas, de imágenes irreales e inconsistentes; el hecho es que no son nuestros razonamientos, es decir, nuestras ideas, la medida de las cosas, sino, al contrario, son las cosas las que miden en sí mismas la bondad o no de nuestros razonamientos e ideas.

[10] JUAN PABLO II, en *Evangelium vitae*, afirmó que: «La razón más alta de la dignidad del hombre consiste en su vocación a la comunión con Dios».

[11] KANT, *Fondazione della metafisica dei costumi*, en *Scritti morali*, trad. it. por P. Chiodi, Torino, 1995, pp. 88: «Actúa de tal modo que trates a la humanidad, tanto en tu persona como en la de los demás, siempre como un fin y nunca simplemente como un medio».

1.3. La continuidad del discurso sobre los derechos de la persona humana en Occidente

Los italianos Giovanni Pico della Mirandola y Antonio Rosmini[12], así como los españoles Francisco de Vitoria y Bartolomé de Las Casas confirman la continuidad en Occidente[13] del discurso sobre los derechos del hombre y en el hombre.

Pico della Mirandola (1463-1494), en su célebre discurso *De Dignitate Hominis* (1486)[14], considerado el Manifiesto del Renacimiento italiano, imagina a Dios que, primero, se propone crear el Cosmos con plantas, animales y toda clase de criaturas vivientes. Después, como la Cadena del Ser había sido llenada por los ángeles (que, ascendiendo de grado en grado por sus cualidades, se unieron a Él), dio origen al género humano. Según Pico della Mirandola, el hombre, valiéndose de sus capacidades intelectuales, puede ser creador de su propio destino, bien ascendiendo en la Cadena mediante el estudio y la

---

[12] Por tanto, no es del todo cierto que la Ilustración «sea la matriz directa de los derechos humanos» (como, por ejemplo, sostiene LOMBARDI VALLAURI, *Diritti dell'uomo e diritto pleromatico*, en *Ragion pratica*, 2002, X, 18, p. 158). La pretensión, si se formula en relación con las declaraciones de la historia, puede aceptarse, pero no puede aceptarse si se formula en relación con el fundamento (filosófico y cultural) de los derechos humanos.

[13] Occidente, como Europa, no es reducible a un lugar geográfico, sino que identifica un hábitat cultural, que reúne lugares geográficos (en particular: Atenas, Roma y Jerusalén) que han contribuido a la elaboración de una visión del hombre, aún válida hoy.

[14] PICO DELLA MIRANDOLA, *Oratio de hominis dignitate*, editado por GARIN, Pordenone, 1994.

filosofía, bien pensando en cosas inútiles, convirtiéndose así en un vegetal ignorante: precisamente en estas capacidades intelectuales del hombre se basa el concepto de dignidad humana, cualidad suprema que sólo el hombre ha recibido de Dios.

Bartolomé de Las Casas (1474-1566) llegó en 1502 a las Indias (actual Centroamérica) para ocuparse de los intereses coloniales de la familia. Fue testigo de los acontecimientos del cuarto viaje de Cristóbal Colón, cuyo "Cuaderno de bitácora" leyó y transcribió en los diversos viajes que realizó. De fe cristiana, su lectura de la Biblia acabó enfrentándole a los conquistadores, en defensa de los nativos americanos y de los indios en particular. Ordenado sacerdote en 1507, ingresó en la orden dominica en 1515 e inició una extenuante batalla cultural en favor de los indígenas y sus derechos: condenó el colonialismo español sin excepción y cruzó el océano en numerosas ocasiones para llevar sus protestas a España. Con su impulso y gracias a su denuncia del sistema de explotación de los indios, se compilaron las "Leyes Nuevas", ratificadas por Carlos V en 1542, que abolieron las encomiendas (estructuras organizativas agrarias basadas en un sistema esclavista-feudal, principal causa de explotación de los nativos). Todos sus escritos se caracterizan por un lenguaje lineal y efectista, poco habitual en la prosa española de la época. Destacan la *Brevísima relación de la destrucción de las Indias* y la *Historia de las Indias*: la primera es un ensayo histórico escrito en 1542 y publicado en 1552, mientras que la segunda es una obra en tres volúmenes y compuesta en 1553. Ambos escritos no perseguían fines literarios, sino de documentación y testimonio: denunciar las atrocidades perpetradas contra los incas y destacar las cualidades positivas de los miembros de estas poblaciones.

Francisco de Vitoria (1483-1546), teólogo dominico español, fue catedrático de la Universidad de Salamanca y uno de los principales protagonistas del acalorado debate teórico que acompañó a la conquista de las Indias: de su doctrina se derivan algunas proposiciones que pueden considerarse a todos los efectos la primera carta de derechos, elaborada a partir del principio evangélico de la igualdad de todos los hombres (como hijos de Dios, creados a su imagen y semejanza) y de la teoría del derecho natural (tal como la concibió Tomás de Aquino, cuyo pensamiento retomó de Vitoria)[15].

Por último, Antonio Rosmini (1797-1855)[16] desarrolló una concepción del origen y la naturaleza del poder

---

[15] Los derechos naturales, que De Vitoria reconoce a los indios como hombres, es decir, criaturas hechas a imagen y semejanza de Dios, son los presentes en las declaraciones modernas: derecho a la vida, libertad de formar una comunidad y de elegir sus propios gobernantes, libertad religiosa, seguridad, etc.

Para profundizar: véase: LAMACCHIA, editor de la edición de Bari: F. de Vitoria, *Relectio de Indis. La questione degli Indios*, texto crítico de PEREÑA, 2 vols. (incluye una amplia reconstrucción biobibliográfica del pensamiento del autor realizada por el editor), Bari, 1996; TRUJILLO, *Francisco de Vitoria: il diritto alla comunicazione e i confini della socialità umana*, Turín, 1997; FAZIO, *Due rivoluzionari: F. de Vitoria e J.J. Rousseau*, Roma, 1998.

[16] ROSMINI, *Filosofia del diritto*, 4 vols., editado por Nicoletti-Ghia, (Ediz. crit., 27-28a), Roma-Stresa, 2013-2015 (ed. or. 1841-1843); ID., *Filosofia della politica*, editado por Cotta, Milano, 1985 (ed. or. 1837). Rosmini también merece ser recordado porque, estando

político (que se expresa sobre todo en sus obras tituladas *Filosofía de la política* y *Filosofía del derecho*), que considera central a la persona, entendida como centro irradiador de derechos y deberes, que toda autoridad está obligada a respetar y promover. De la persona, Rosmini destacó en particular la relación estructural, la interioridad inagotable, la dignidad infinita. Según él, la persona no *tiene* derechos simplemente, sino que —según una de sus famosas definiciones— *es* el derecho: «Es el derecho subsistente, la esencia del derecho». Desde la dignidad inviolable de la persona humana, el Estado aparece estructuralmente limitado en sus pretensiones despóticas: no puede decidir sobre los derechos y deberes fundamentales, sólo puede regular el modo de su ejercicio.

1.4. *El personalismo en la primera mitad del siglo XX*

El personalismo, en sentido amplio, constituye un aspecto de la cultura europea, en la que la idea de persona[17]

---

personalmente implicado en el proceso de elaboración constitucional que se inició en Italia con los levantamientos de 1848, fue el redactor de los primeros Proyectos de Constitución, inspirados en términos generales en el constitucionalismo liberal y en sus valores básicos: reconocimiento de las libertades fundamentales de los ciudadanos, separación y equilibrio de los poderes del Estado, seguridad y estabilidad social.

[17] La noción de persona se heredó de la tradición clásica. El teatro griego y el derecho romano contribuyeron a determinar su contenido en sus orígenes, y más tarde el cristianismo y la cultura secular europea, al menos a partir del siglo XVIII. Los elementos esenciales de la historia de la noción de persona pueden encontrarse admirablemente esbozados en COTTA, *Persona*, en *Diritto, Persona Mondo umano*, Turín, 1989, p. 59 y ss.

siempre ha transmitido no sólo elementos jurídicos, sino también antropológicos, psicológicos, éticos y políticos.

Sin embargo, en sentido estricto, cuando se habla de personalismo, se suele hacer referencia a un movimiento cultural heterogéneo[18] (y no a una escuela o doctrina[19]), que se afirmó entre finales del siglo xix y la primera mitad del siglo xx y que, al recordar la centralidad de la persona[20] tenía, como denominador común, presentarse como

---

[18] Por lo que se refiere al contexto cultural italiano, puede ser útil recordar el memorable ensayo *La persona umana nel Comunismo* (1945), escrito por el intelectual siciliano CONCETTI MARCHESI, en respetuosa polémica con BENEDETTO CROCE, quien, en 1942, había compuesto el igualmente memorable ensayo *Perché non possiamo non dirci "cristiani"* (que apareció por primera vez en *La Critica* el 20 de noviembre de 1942; y luego recogido en el volumen *Discorsi di varia filosofia*, vol. I, Bari 1945).

En Alemania, una figura importante del personalismo fue el filósofo Max Scheler (1874-1928), cuyo pensamiento se sitúa tradicionalmente dentro de la Fenomenología. Su ética también pretendía ser una respuesta a la ética personalista cristiana. En particular, Scheler contrapuso los bienes y fines de la ética tomista a los valores, lo que le permitió elaborar una concepción de la persona como "lugar de valores".

[19] MARITAIN, *La persona e il bene comune*, Brescia, 1963 (*La personne et le bien commun*, 1947), p. 8: «Nada sería más falso que hablar de 'personalismo' como de *una* escuela o de una doctrina. Es un fenómeno de reacción contra dos errores opuestos (el totalitarismo y el individualismo), y es inevitablemente un fenómeno muy mixto. No hay doctrina personalista, sino que hay aspiraciones personalistas y una buena docena de doctrinas personalistas, que lo único que tienen en común es la palabra "persona", y de las cuales algunas tienden más o menos hacia uno de los errores contrarios, entre los cuales se sitúan».

[20] El personalismo, así entendido, se caracteriza por:

(a) su crítica a todas las formas de dualismo y, en particular, tanto al idealismo como al fisicalismo, como perspectivas incapaces de describir

una tercera vía frente al idealismo (es decir, frente a la primacía absoluta de la autoconciencia y el historicismo) y el positivismo (o sea, frente a la reducción de toda realidad a la dimensión sensible y al naturalismo).

Una expresión particular del personalismo en la primera mitad del siglo XIX se desarrolló en Francia: en ese contexto el término personalismo fue utilizado por primera vez por Charles Renouvier en su ensayo *Le personnalisme* (1903). El término fue retomado más tarde por Emmanuel Mounier: primero, en octubre de 1932, cuando publicó el primer número de la revista *Esprit*, en el que presentaba el manifiesto del personalismo (proponiéndolo como respuesta a la gran crisis de cultura y civilización, pero también económica y política, que atravesaba Europa en los años treinta); después, en 1950, cuando publicó el volumen *Le personnalisme*.

El personalismo, apoyado por Mounier y los intelectuales reunidos en torno a *Esprit* (entre ellos Jacques Maritain; cf. ID., *La personne et le bien commun*, 1947), se presentaba como una forma de realismo, que se oponía, por un lado, a la abstracción idealista y, por el otro, al reduccionismo positivista. Un elogio bastante tardío del personalismo sería cantado más tarde en la misma revista *Esprit* por Paul Ricoeur (*Meurt le personnalisme, revient la personne*, en *Esprit*, 1983).

---

y comprender plenamente la realidad natural o incluso la vida humana (en sus dimensiones individual, social, política y moral);

(b) su reivindicación de un "realismo de la persona", según el cual las personas interpretan la realidad, pero no son menos reales que la realidad misma y tampoco la agotan;

(c) su reconocimiento de la persona como sujeto con su propia dignidad y responsabilidad.

2. La fase de la primera codificación

La teorización de la existencia de los derechos humanos, por tanto, hunde sus raíces en la filosofía clásica, pero sólo empezó a adquirir relevancia jurídica autónoma en la historia moderna (europea y americana) a partir de finales del siglo XVIII.

En la historia de los derechos fundamentales, cabe mencionar las tradiciones inglesa, africana, estadounidense y francesa.

2.1. La tradición inglesa

La tradición inglesa se remonta al período anterior a finales del siglo XVIII[21] y se caracteriza por una fuerte con-

---

[21] El ordenamiento jurídico británico es el único en el que los derechos fundamentales aún no están codificados en una constitución propiamente dicha.

Sin embargo, desde 1998 existe en el Reino Unido un documento que cumple parcialmente la función de catálogo constitucional de derechos: el *Human Right Act*. De hecho, reproduce el Convenio Europeo de Derechos Humanos (precisando las condiciones de su incorporación al Derecho británico). En particular, el artículo 3 del *Human Right Act* establece que los jueces británicos, si se encuentran aplicando una norma legislativa que entra en conflicto con el Convenio Europeo de Derechos Humanos – CEDH (y, por tanto, con el *Human Right Act* mismo), deben intentar primero interpretarla de manera conforme con el Tribunal Europeo de Derechos Humanos (y, por tanto, si es susceptible de varias interpretaciones, deben elegir la que sea compatible con el Convenio). Si esto no es posible, los tribunales deben aplicar la ley británica, aunque sea incompatible con la CEDH. Sólo algunos tribunales supremos (mencionados en el art. 4.5) están facultados para emitir "declaraciones de incompatibilidad" entre la legislación británica y

tinuidad: las garantías más importantes de los derechos (por ejemplo, la libertad personal) se construyeron gradualmente (teniendo un origen consuetudinario) y se fijaron en documentos solemnes, como la *Magna Charta* de 1215, el *Habeas corpus* de 1679[22] y luego las diversas *Bill of Rights* (en particular la aprobada en 1689 tras la Segunda Revolución Inglesa, que supuso la derrota definitiva del intento de los Estuardo de establecer un régimen absolutista similar al que se estaba consolidando en la mayor parte del continente europeo)[23].

Estos documentos escritos —en su mayoría concebidos como confirmaciones de derechos ya existentes (que habían sido cuestionados en ciertos momentos de confrontación política y se reafirmaban solemnemente, pero no se proclamaban *ex novo*)—, más que constituciones

---

el Convenio, pero estas declaraciones no afectan a la validez de la ley: cualquier derogación de la norma británica contraria al CEDH queda reservada al Parlamento.

[22] El *Habeas corpus* de 1679 reconocía específicamente ciertas garantías individuales: llevaba el título de Ley para garantizar mejor la libertad del Sur y evitar el envío de prisioneros a través del mar. Movido por la preocupación de impedir que el Rey ordenara detenciones arbitrarias, estipuló que toda persona detenida (fuera de los casos previstos por la ley y sin el cumplimiento de las formalidades legales) debía ser puesta en libertad previa denuncia ante el magistrado competente.

[23] La Carta de Derechos o *Bill of Rights*, promulgada en Inglaterra en 1689, en una fase de transición de un Estado absoluto a un régimen parlamentario, se caracterizó por la presencia de numerosas limitaciones a las prerrogativas reales, entre ellas: la prohibición de imponer fianzas, multas excesivas, castigos crueles e inusuales, la imposición de multas y confiscaciones antes de que se demostrara la culpabilidad del delito, y la restricción de la libertad de expresión y de debate en el Parlamento.

en el sentido moderno, eran pactos o contratos de dominación (primero entre el rey y los nobles; y después entre el rey y la representación parlamentaria), para establecer derechos y deberes recíprocos[24].

La ausencia de una generalización de los derechos exponía a estos pactos a favorecer solo a una parte de la población: en esencia, no proporcionaban derechos, sino privilegios. Tales actos, por tanto, se limitaban[25] a conceder ciertas libertades a determinados súbditos o grupos en virtud de su rango o condición social, circunscribiendo al mismo tiempo el poder absoluto del soberano. Sin embargo, es evidente que con estas concesiones surgía una nueva relación entre el poder de la autoridad política y los espacios de libertad de los sometidos a ella, según una lógica de autolimitación que Carl Schmitt, por ejemplo, considera esencial para el fenómeno jurídico de los derechos fundamentales: «Los derechos fundamentales en sentido propio son esencialmente los derechos del hombre individual libre, y precisamente los derechos que este tiene frente al Estado»[26].

Sólo en los siglos siguientes el concepto de libertad individual se fue desvinculando de la pertenencia a grupos

---

[24] También se pueden encontrar ejemplos de pactos de este tipo en otros ordenamientos jurídicos: considérese la garantía de derechos aprobada por las Cortes del Reino español de León en 1188; la llamada *Joyeuse Entrée de Brabant* de 1356; el *Erik Klippungs Handfaesting* danés (1282); la *Union of Utrecht* neerlandés (1579).

[25] Véase, entre otras muchas, la reconstrucción genealógica de Schmitt, *Dottrina della Costituzione* (1928), traducida al italiano por A Caracciolo, Milán, 1984.

[26] Schmitt, *Dottrina della Costituzione*, op.ult. cit., p. 220.

29

sociales y, durante los siglos XVIII y XIX, se impuso la convicción de que los súbditos de un Estado tienen derecho a esperar de él un compromiso para mejorar sus condiciones de vida. Una influencia decisiva en esta evolución la ejercieron las reflexiones teológicas y filosóficas de los intelectuales (laicos y religiosos) a raíz del descubrimiento de América: un acontecimiento que tuvo una importancia considerable en la conciencia europea[27] y que obligó a pensadores y gobernantes a abordar la cuestión de la dignidad humana de los indios (y, en consecuencia, la existencia de derechos universales basados en la naturaleza común de conquistadores y conquistados)[28].

La filosofía jurídica de la Ilustración —liberándose, al menos en parte, de la perspectiva teísta que sustentaba las tesis de De Vitoria (así como de Las Casas, Suárez, y en cierta medida también del holandés Grocio y los alemanes

---

[27] Sobre este tema, *ex multis*, véase TODOROV, *La scoperta dell'America. Il problema dell'altro*, (1982), trad. it. editado por A. Serafini, Turín, 2007.

[28] BENEDICTO XVI, *Elementi per una discussione sul libro di Marcello Pera*, in PERA, *Diritti umani e cristianesimo*, Venezia, 2015, donde se lee que la concepción de los derechos humanos «adquirió una importancia fundamental al comienzo de la Edad Moderna con el descubrimiento de América. Todos los nuevos pueblos con los que se tropezaba no estaban bautizados, por lo que se planteaba la cuestión de si tenían derechos o no. Para la opinión dominante sólo se convertían en sujetos de derecho con el bautismo. El reconocimiento de que eran imagen de Dios en virtud de la creación —y seguían siéndolo incluso después del pecado original— significaba que incluso antes del bautismo ya eran sujetos de derecho y, por tanto, podían reclamar respeto por su humanidad. Me parece que aquí se reconocieron los "derechos humanos", que preceden a la adhesión a la fe cristiana y a cualquier poder estatal, cualquiera que sea su naturaleza específica».

Thomasius y Pufendorf)— fue el antecedente inmediato de las primeras declaraciones de derechos humanos, no en el centro-sur del continente americano, sino en el norte, cuya historia de conquista fue radicalmente distinta[29].

2.2. La tradición africana

Lo que rara vez se conoce en Occidente sobre la historia de África[30] es lo que ocurrió durante la gran colonización que tuvo lugar entre los siglos XVI y XIX, cuando más de diez millones de personas, nativos africanos, fueron desarraigados, en su mayoría violentamente, de sus lugares de origen y cruzaron el océano en lo que fue una de las mayores deportaciones de la historia de la humanidad.

En general, poco se sabe del periodo anterior, inmediatamente posterior y posterior al Egipto más antiguo y conocido de los faraones, Nubia, el África púnica o romana y la Etiopía de Axum.

Sin embargo, este periodo intermedio, al menos en el África Occidental subsahariana, fue de gran esplendor[31],

---

[29] JELLINEK reflexiona sobre ello con aguda síntesis en el ensayo *La Declaración de los Derechos del Hombre y del Ciudadano*, 1895.

[30] El término África, como sabemos, es una mera denominación geográfica de conveniencia: se trata de un continente extraordinariamente vasto, constituido por realidades ambientales (desde el desierto hasta la sabana y la selva tropical), por etnias y poblaciones, por historias y culturas muy diferentes entre sí.

[31] Cuando llegaron los portugueses a finales del siglo XV, África Occidental, con sus ricas y evolucionadas civilizaciones, llevaba varios siglos en estrecho contacto cultural y comercial con el mundo islámico (y con Egipto en particular) y, a través de él, también con Europa y China. En aquellos siglos, los imperios africanos basaron su grandeza

primero bajo el imperio de Ghana y después bajo los imperios de Malí y Songhai.

En el contexto de la cultura subsahariana del siglo XIII se sitúa la llamada Carta de Manden. Esta debe su fortuna al rey Sundiata Keita (1190-1255) que, tras un largo período de guerras fratricidas[32], decidió en 1236 crear un cuerpo de normas jurídicas, que fue proclamado en Kourougan Fuka. Además de estar destinado a regular la vida política y social del naciente nuevo Imperio maliense, contenía el reconocimiento y la declaración de ciertos derechos totalmente equiparables, por los valores que expresaban, a los que hoy llamamos derechos humanos.

La Carta de Manden es una expresión de la cultura africana, de una cultura que durante muchos siglos

---

en el comercio internacional del oro: era África la que proporcionaba a los países del resto del mundo la materia prima en la que basaban sus sistemas monetarios. El esplendor de los imperios de la Edad Media africana queda atestiguado en los Manuscritos de Tombuctú (es decir, en unos 700.000 manuscritos árabe-islámicos, algunos de los cuales datan del siglo XIII).

[32] Cuenta la leyenda que Narhe Magan, padre de Sundiata Keita, había aceptado casarse con una mujer jorobada llamada Sologon Konde para cumplir una profecía que anunciaba el nacimiento de un gran hombre fruto de esa unión. El niño nació jorobado e inválido. Tras la muerte de su padre, un hermanastro, Sumaouru Kante, se hizo con el trono. Sundiata y su madre se exiliaron a la aldea de Nema, en el pequeño reino de Manden, formado por cuatro familias (los Sarakole, los Soso, los Traore y los Manden). Sundiata consiguió superar su discapacidad y se convirtió en un gran guerrero. Al final de un conflicto con su hermanastro, se proclamó emperador de los Manden y fundó el poderoso Imperio Malí, que controló gran parte de África Occidental durante varios siglos.

no conoció la escritura, sino que se basó en la tradición oral[33]. De hecho, fue transmitida en forma oral por los malinké, un grupo iniciático de cazadores, y por los griot, los juglares africanos, hasta que fue reconstruida íntegramente en un seminario celebrado en Kankan del 3 al 12 de marzo de 1998, que reunió a comunicadores tradicionales de la zona mandinga, comunicadores contemporáneos y estudiosos de diversas disciplinas en la Radio Regulaire de Guinea.

En los años inmediatamente posteriores a este acontecimiento, la historicidad de la Carta de Manden apenas fue reconocida en Occidente, pero en 2009 fue inscrita por la Unesco en la lista representativa del patrimonio cultural inmaterial de la humanidad. Su historicidad quedaba así definitivamente establecida y se reconocía y confirmaba la posibilidad de una forma diferente de desarrollar la cultura, de igual dignidad que la de Occidente y que cualquier otra cultura del mundo.

La Carta —que consta de 44 Edictos, divididos en 4 secciones[34] y que en cierto modo constituye el precedente histórico de la Carta Africana de Derechos Humanos y

---

[33] Así ocurrió también con los aborígenes australianos y con los indios americanos. Pero también en la antigua Grecia con los aedi y rapsodas, cantantes profesionales que tuvieron su apogeo entre los siglos v y iv a. C.

[34] Precisamente: la primera sección (edictos 1 a 31) se refiere a la organización social; la segunda (edictos 32 a 36) a los derechos de propiedad; la tercera (edictos 37 a 39) a la protección del medio ambiente; la cuarta y última (edictos 40 a 44) a la responsabilidad personal. A este respecto, cfr.: Conti, *La Carta Manden. Diritti e doveri dell'Africa del XIII secolo*, Firenze, 2021, p. 73 ss.

de los Pueblos, adoptada en junio de 1981 en Nairobi a instancias de la Organización para la Unidad Africana— proclama principios como la paz social en el respeto de la diversidad, la inviolabilidad del ser humano, el derecho a la vida, la educación de la persona, la centralidad de la familia, el valor de la solidaridad, el respeto y la aceptación del extranjero, la desaprobación de la esclavitud, la libertad de expresión, la libertad de comercio, la prescripción de los delitos, la protección del medioambiente y la igualdad ante la ley.

Su existencia induce a reflexionar sobre el hecho de que algunas convicciones muy extendidas no se corresponden con la verdad:

— que las sociedades que carecen de normas escritas por esta misma razón están desprovistas de Derecho;

— que la proclamación de los derechos más importantes y el reconocimiento de garantías son conquista y patrimonio de la cultura occidental;

— y que en el contexto actual es imposible configurar unos derechos humanos, caracterizados por su universalidad.

En relación con este último aspecto, es significativo que la Carta de Manden exprese, promueva y proteja valores que tienen notables puntos de contacto con los que, siglos más tarde, también el mundo occidental, partiendo de otras premisas y de otra trayectoria cultural, elaborará de forma autónoma.

2.3. La tradición estadounidense

Los documentos de referencia de la tradición estadounidense son la Declaración de Independencia de Estados Unidos, del 4 de julio de 1776, y las constituciones de las 13 antiguas colonias británicas aprobadas antes y después de su independencia.

Entre ellas, la más famosa es la Declaración de derechos del Estado de Virginia, del 12 de junio de 1776[35], que en su primer artículo proclama: «Todos los hombres son por naturaleza igualmente libres e independientes, y poseen ciertos derechos innatos, de los que, al incorporarse a la sociedad, no pueden privarse a sí mismos ni a su posteridad; y estos derechos son la base de la vida y la libertad, con los medios para adquirir y poseer bienes, y la búsqueda y consecución de la felicidad y la seguridad».

Conceptos similares pueden encontrarse en las Declaraciones de Derechos de Pensilvania (art. 1) y Massachusetts (art. 2), que tienen sus raíces históricas en los movimientos político-religiosos de la Inglaterra de los siglos XVI y XVII y en la tradición del derecho consuetudinario o común (*common law*).

La Constitución Federal de los Estados Unidos de 1787, que entró en vigor en 1789, no contenía una declaración de derechos, los cuales serían pronto incluidos

---

[35] La Declaración de Virginia representa la primera Declaración de Derechos Humanos de la era moderna. Redactada por George Mason y adoptada por la Convención de Virginia el 12 de junio de 1776, fue seguida en gran medida por Thomas Jefferson para la Declaración de los Derechos del Hombre, que acompañó a la Declaración de Independencia de los Estados Unidos de América el 4 de julio de 1776.

en las nueve primeras enmiendas, aprobadas en 1791 (conocidas como *Bill of Rights*). En ellas se reconocían: la libertad de religión, la libertad de expresión, la libertad de reunión, el derecho de petición (1.ª enmienda), el derecho a portar armas (2.ª enmienda), el derecho a tener una audiencia (3.ª enmienda), el derecho a la seguridad de la persona, el domicilio y la correspondencia (4.ª enmienda), el derecho a un juicio penal "justo" (5.ª, 6.ª y 8.ª enmiendas), el derecho a juicio con jurado (7.ª enmienda).

En términos generales, a la hora de identificar los derechos garantizados, la tradición estadounidense está en continuidad con la británica por su reconocimiento de la importancia del juez en la garantía de las libertades. Sin embargo, en la experiencia británica, los jueces no pueden anular o dejar de aplicar las leyes que consideren contrarias a los derechos fundamentales, mientras que en Estados Unidos cada juez tiene el poder/deber de no aplicar las leyes inconstitucionales: y, entre las causas de inconstitucionalidad, la violación de los derechos fundamentales desempeña tradicionalmente un papel crucial.

La experiencia constitucional estadounidense se ha caracterizado sobre todo por el reconocimiento, desde 1803, de la garantía de los derechos incluso frente a las legislaturas democráticas, estatales y federales. En efecto, la tradición estadounidense ha desarrollado el control de constitucionalidad de las leyes[36], que hunde sus raíces en

---

[36] En la Europa continental, en cambio, la justicia constitucional no se introdujo hasta el siglo xx y, con algunas excepciones precarias (Austria y Checoslovaquia en 1920, República de Weimar a partir de 1925, España en los años 1931-36), sustancialmente después de la Segunda Guerra Mundial.

la sentencia *Marbury vs Madison*, adoptada en 1803 por la Corte Suprema, donde el máximo tribunal lo afirmó por primera vez.

2.4. La tradición francesa

La contribución francesa a la historia de los derechos fundamentales consiste, ante todo, en una serie de Declaraciones aprobadas durante el periodo revolucionario, la primera y más importante de las cuales es la *Declaración de los Derechos del Hombre y del Ciudadano* aprobada por la Asamblea Constituyente el 26 de agosto de 1789[37].

---

[37] Influida por el pensamiento ilustrado y las declaraciones de derechos elaboradas en Norteamérica, la Declaración francesa de 1789 partía de la afirmación de que «los hombres nacen y permanecen libres e iguales en derechos» (art. 1) y de que «el fin de toda asociación política es la conservación de los derechos naturales e imprescriptibles del hombre», que son «la libertad, la propiedad, la seguridad y la resistencia a la opresión» (art. 2).

La Declaración contenía varias afirmaciones generales de la teoría del Estado: el principio de la soberanía de la nación, en el art. 3; la proclamación, en el art. 4, de que «la libertad consiste en poder hacer todo lo que no perjudique a los demás», con los únicos límites dirigidos a garantizar el disfrute de los derechos de los demás, definidos por la ley, que —según el art. 5— «sólo puede prohibir acciones perjudiciales para la sociedad»; la definición de la ley como «expresión de la voluntad general» y la de la constitución como acto que garantiza los derechos de los ciudadanos y establece la separación de poderes. Además, establecía expresamente el derecho de todos los ciudadanos a participar en la formación de la ley a través de sus representantes y su igualdad de elegibilidad para cargos electivos (art. 6), la libertad de detención (art. 7), la legalidad de las penas (art. 8), la presunción de inocencia (art. 9), la libertad de opiniones religiosas (art. 10) y de comunicación

A la Declaración de 1789 le siguieron otras, generalmente aprobadas con ocasión de la adopción de nuevas constituciones[38]. En particular, a la Declaración de 1789, de corte liberal-clásico, siguió la de 1793, deseada por los jacobinos (y basada en el Acta Constitucional de 1793).

Además de la historia de Francia[39], la tradición francesa es relevante por haber sido exportada después de 1796 a varios países europeos, a punta de bayonetas de Napoleón: entre otras cosas, incluso en Italia, los primeros documentos sobre los derechos nacieron en este contexto.

---

de pensamientos y opiniones (art. 11), el derecho a participar directamente o por medio de representantes en la deliberación de los asuntos públicos (art. 13 y 14) y el derecho a la propiedad (art. 17).

[38] La proclamación de derechos en declaraciones especiales, externas a los textos constitucionales, dio lugar a la aparición de una distinción, que marcó el constitucionalismo europeo durante más de un siglo, entre la Constitución propiamente dicha (por ejemplo, la Constitución francesa de 1791, que contenía, sin embargo, algunas disposiciones sobre derechos, en particular en el Preámbulo), destinada a regular la relación entre los poderes políticos supremos del Estado, y la declaración de derechos, destinada a regular —con disposiciones que durante mucho tiempo no se consideraron jurídicamente vinculantes— la relación fundamental entre el Estado y el ciudadano.

Posteriormente, algunas declaraciones se incluyeron en los textos constitucionales, pero quedaron relegadas a los Preámbulos, partiendo de la base de que eran políticamente vinculantes, pero no jurídicamente vinculantes: es el caso, por ejemplo, de la Constitución francesa de 1946, que regula los derechos en el Preámbulo. Incluso la actual Const. de 1958 no contiene una carta de derechos, sino que se remite al Preámbulo de la Const. de 1946.

[39] Francia siempre ha mantenido como fundamento de su Constitución la Declaración de los Derechos Humanos de 1789. También se puede encontrar una referencia a la misma en la actual Constitución de la V República (de 28 de septiembre de 1958).

En algunos países europeos se produjo una contaminación entre las ideas revolucionarias francesas sobre los derechos y las tradiciones jurídicas locales. Así ocurrió en España con la Constitución de Cádiz de 1812[40].

Sin querer restar importancia a la Revolución Francesa en la historia moderna, hay que señalar, sin embargo, que no situó a la persona humana en el centro de sus reivindicaciones, sino a la propiedad[41]. Es significativo

---

[40] La Constitución de Cádiz de 1812 es un documento (de más de 300 artículos) que no contiene una declaración detallada de derechos, sino que regula diversos derechos (a obtener empleo municipal, art. 23; a participar en las juntas parroquiales para la elección de las Cortes, art. 35 y ss. 373; garantías de la libertad personal, art. 287 y ss.; publicidad del proceso, art. 302; prohibición de la tortura, art. 303; educación pública, art. 366 y ss.) y deberes (amar a la patria, observar las leyes y respetar a las autoridades constituidas, contribuir a los gastos del Estado en proporción a sus bienes y defender la patria con las armas, art. 6-9) dispersos a lo largo de su texto.

Se trata de un documento de indudable importancia también porque en muchos aspectos actuó como "puente" entre el pensamiento constitucional europeo y el naciente constitucionalismo de América Latina (en algunos países, como México, la carta estuvo realmente en vigor, aunque sólo por breves períodos).

[41] PERLINGIERI (*La personalità umana nell'ordinamento giuridico*, Nápoles, 1972, p. 30-33) observa y explica que, en el período de la Revolución Francesa, la defensa de la persona humana acabó instrumentalizándose para conseguir situaciones económicas de privilegio, con la consecuencia de que la declaración de derechos no constituyó la defensa del ciudadano o del hombre, sino sólo la protección de los ciudadanos franceses más ricos. Con la doble aclaración de que no todos los hombres eran ciudadanos, y no todos los ciudadanos tenían la misma dignidad ante la ley. Por otra parte, es significativo que las formaciones sociales intermedias no tuvieran cabida en la Declaración de la Revolución Francesa.

que en la Declaración de los Derechos del Hombre y del Ciudadano de 1789 no hubiera ninguna referencia a la dignidad de la persona humana[42] ni siquiera a las diferentes formaciones sociales en las que suele manifestarse.

2.5. Comparación de las tradiciones estadounidense y francesa

La Declaración de Independencia de Estados Unidos (de 1776) y la Declaración de los Derechos del Hombre y del Ciudadano (redactada en Francia entre 1789 y 1793):

— surgieron de conflictos, sostenidas para derrocar el poder autocrático y establecer gobiernos basados en el consentimiento de los gobernados;
— expresan una cultura individualista de libertades: la concepción de la sociedad, que sustentaban las dos declaraciones, era que el individuo aislado, independiente de todos los demás, es el fundamento de la sociedad; la idea de un estado de naturaleza, tal como se reconstruyó desde Hobbes hasta Rousseau, como un estado pre-social, así como la construcción artificial del *homo oeconomicus*, elaborada por los primeros economistas, habían contribuido a la formación de esta concepción; en ambas declaraciones se parte del hombre individualmente considerado; los derechos que proclaman pertenecen a los individuos, que los poseen antes de entrar en cualquier sociedad;

---

[42] Véase FACCHI, *Breve storia dei diritti umani*, Bolonia, 2007, 52 y ss.

— dieron origen al lenguaje moderno de los derechos, aunque cada una con sus propias particularidades[43]; ambas ejercieron una amplia influencia en el continente europeo; varias Constituciones, redactadas en Europa a finales del siglo XIX y principios del XX, establecían, junto a los derechos clásicos, responsabilidades precisas de los gobiernos en materia de trabajo, seguridad social, sanidad y educación; el primer intento de proclamar los derechos sociales entre los derechos humanos, dado por la Constitución de Weimar (Alemania, 1919), fracasó rápidamente, dejando el camino abierto a la involución totalitaria, pero la semilla permaneció, de modo que prácticamente todas las constituciones posteriores a la Segunda Guerra Mundial llevan su impronta social, confirmando la hipótesis evolutiva de John Humphrey Marshall[44].

Sin embargo, existen profundas diferencias entre la experiencia revolucionaria estadounidense y la francesa[45]:

---

[43] Desde el principio, el lenguaje de los derechos adoptó dos expresiones diferentes. La primera, influida por los pensadores europeos continentales (en primer lugar, Rousseau), dejaba más espacio al concepto de igualdad y fraternidad, atemperando los derechos con límites y deberes. En cambio, la formulación angloamericana del lenguaje de los derechos hacía hincapié en la libertad y la iniciativa individual (más que en la igualdad o la solidaridad social) y se acompañaba de una mayor desconfianza hacia el gobierno. A pesar de las diferencias (en grado y énfasis), el espíritu de ambas tradiciones influyó posteriormente.

[44] MARSHALL, *Cittadinanza e classe sociale*, (1950), trad. por S. Mezzadra, Roma-Bari, 2002.

[45] La relación entre ambas declaraciones ha sido inmediatamente objeto de interés entre los historiadores. Incluso Alessandro MANZONI, en

— el "beneficio común" sólo se invocaba en el documento francés para justificar posibles "distinciones sociales", mientras que las cartas americanas hacían casi todas referencia directa a la finalidad de la asociación política (identificándola con la del *common benefit*, como en el caso de Virginia; o con la expresión *Good of the whole*, como en el caso de Maryland; o con el *Common good*, como en el caso de Massachusetts): en definitiva, mientras que los constituyentes americanos habían vinculado los derechos del individuo con el bien común de la sociedad, los constituyentes franceses pretendían afirmar ante todo y exclusivamente los derechos de los individuos;

— la tradición constitucional francesa, a diferencia de la tradición estadounidense, ha insistido siempre en el papel de la ley —expresión de la voluntad general, según la fórmula de Jean-Jacques Rousseau, recogida en el art. 6 de la Declaración de 1789— como sede del reconocimiento y garantía de los derechos y como acto delegado —para definir los límites entre los derechos garantizados—. Por esta razón, la cultura de las libertades expresada por la tradición francesa es estatista (en el sentido de que la ley desempeña un papel central en ella) y antihistoricista (en el sentido de que considera la

_____

su ensayo sobre *La rivoluzione francese del 1789 e la rivoluzione italiana del 1855*, abordó el tema de la comparación entre las revoluciones americana y francesa, partiendo de la comparación entre la Constitución americana de 1787 y la Declaración del 89.

historia como una fuente de privilegios que hay que demoler, no de derechos que hay que preservar). Personajes estos que no parecen reconocibles ni siquiera en la cultura de las libertades expresada en la tradición inglesa y norteamericana;

— el control constitucional de la constitucionalidad de las leyes fue introducido en Francia, con estrictas limitaciones[46], por la Constitución de 1958. La reforma constitucional de 2008 vinculó el control de constitucionalidad de las leyes al poder judicial, permitiendo a los jueces elevar en vía incidental la llamada *question prioritarie de constitutionnalité* (art. 61-1 Const.), mediante la cual una duda sobre la constitucionalidad de una ley, surgida en un caso concreto, puede someterse al Consejo Constitucional, que ahora está facultado para anular una ley incluso después de su promulgación;

— a diferencia de las declaraciones americanas (en las que la libertad religiosa ocupaba un lugar central), la declaración revolucionaria francesa era programáticamente antirreligiosa[47]: incluso Jellinek, en

---

[46] Dichas limitaciones se superaron en la década de 1970. En efecto, la decisión n.º 71-44 DC del *Conseil constitutionnel* sobre la libertad de asociación data del 16 de julio de 1971, con la que el Consejo Constitucional empezó a utilizar el Preámbulo de la Constitución de 1946 como parámetro para sus decisiones; mientras que la reforma constitucional, con la que se introdujo el recurso de las minorías parlamentarias (60 diputados o 60 senadores) al Consejo Constitucional, data de 1974.

[47] La Declaración francesa también proclama que todos los hombres nacen libres e iguales, y que el propósito de todo gobierno es proteger

su ensayo anticipatorio sobre las declaraciones de derechos[48], había subrayado este elemento diferencial, que tiene que ver con la historia concreta de las dos declaraciones;

— el mismo valor de los derechos fundamentales de la persona humana se interpretó de forma diferente en las declaraciones de derechos angloamericanas y en los posteriores sistemas constitucionales europeos continentales;

— la anterioridad y consiguiente inviolabilidad de los derechos fundamentales frente a cualquier poder positivo del Estado, incluido el poder constitucional: en las declaraciones angloamericanas de derechos, estos han representado siempre la piedra angular sobre la que se ha construido todo el edificio estatutario; mientras que en los sistemas constitucionales europeos continentales desde la Revolución Francesa han sido frecuentemente

---

las libertades naturales del hombre, pero lo afirma inspirándose en el llamado *iusnaturalismo moderno* (bastante lejano y, por tanto, incompatible, con aquel iusnaturalismo de Aristóteles y de santo Tomás): la nueva l*ey natural*, es más bien el respeto de los *derechos naturales* del hombre natural (que empezó a entenderse como el hombre en estado de naturaleza, a partir de los experimentos mentales sobre el origen del derecho y del Estado llevados a cabo por Thomas Hobbes, John Locke y más tarde también, en diferente medida, por Jean-Jacques Rousseau).

Sobre las paradojas del derecho natural moderno, véase la monografía dedicada al pensador ginebrino por SPAEMANN, *Rousseau cittadino senza patria: dalla 'polis' alla natura*, (1978), traducida por Allodi, Milán, 2009.

[48] JELLINEK, *Las Declaraciones de los Derechos del Hombre y del Ciudadano*, 1895, cit.

relativizados en términos de derecho positivo y de actividad política a través de leyes destinadas a regular (y a veces limitar, cuando no suspender) el ejercicio de estos derechos[49];

— la categoría de los derechos subjetivos elaborada por la dogmática jurídica liberal en los sistemas constitucionales angloamericanos, si bien puso de relieve un cambio de enfoque doctrinal con respecto al realismo jurídico propio de la cultura jurídica clásica (el "*suum cuique tribuere*", la "*res iusta*"), no representó un momento de discontinuidad con el pasado. De hecho, los grandes movimientos ideales predominantes en esos sistemas (en particular, el naturalismo y el contractualismo) coincidieron en reconocer que la inviolabilidad de los derechos subjetivos fundamentales reside en el hecho de que se trata de derechos innatos, es decir, enraizados en la propia naturaleza humana; y que esos derechos son, en principio, bienes no negociables y, por tanto, no susceptibles de ser objeto de pactos sociales y, menos aún, de poderes políticos establecidos sobre la base de esos mismos pactos;

— en la declaración francesa, la "felicidad" no figura entre los objetivos que se desea alcanzar (la

---

[49] Este fenómeno, consecuencia del positivismo jurídico decimonónico y de su concepción relativista de la racionalidad de las leyes, se vio agravado en el siglo XX por las aberraciones jurídicas contra la dignidad de la persona humana, características de los regímenes políticos totalitarios, y, en los regímenes democráticos, por la creciente influencia de ideologías filosóficas y políticas marcadas por el relativismo moral y el permisivismo libertario.

expresión "felicidad de todos" sólo aparece en el preámbulo)[50]; mientras que la "felicidad" había sido una palabra clave en las cartas americanas, empezando por la de Virginia (1776), conocida por los constituyentes franceses: en esa carta se protegían ciertos derechos *inherent* (término traducido con cierta fuerza, "inherente") porque permitían la búsqueda de la "felicidad" y la "seguridad";

— la revolución de las trece colonias tuvo una influencia, incluso inmediata, en Europa, donde se formó rápidamente el mito americano; sin embargo, en el continente europeo fueron sobre todo los principios del 89 los que tuvieron una fuerza expansiva subterránea e inmediata[51].

2.6. La Constitución española de Cádiz

La Constitución de Cádiz de 1812 (también conocida como «La Pepa», ya que fue promulgada el 19 de marzo, festividad de San José), fue una constitución promulgada

---

[50] Los filósofos debatieron qué era la "felicidad" y cuál era la relación entre la felicidad y el bien público, pero a medida que fue tomando forma la figura del Estado liberal y del Estado de derecho, se abandonó por completo la idea de que era deber del Estado procurar la felicidad de sus súbditos.

[51] De la fuerza expansiva subterránea e inmediata que la Revolución Francesa tuvo en Europa, Norberto Bobbio recordaba «la espléndida imagen de Heine, que comparaba el temblor de los alemanes al oír las noticias de lo que ocurría en Francia con el murmullo que sale de las grandes conchas, que se ponen en la repisa de la chimenea como adorno, incluso cuando hace tiempo que se han alejado del mar»: BOBBIO, *Dal privilegio al diritto*, Apulia, 2000.

por las Cortes, el parlamento ibérico, en oposición a la ocupación napoleónica y al régimen de José Bonaparte. No fue, por tanto, una constitución «octriada», es decir, otorgada por el soberano, sino una constitución «votada». Preveía una estricta separación de poderes en un sistema unicameral en el que las Cortes tenían encomendado el poder legislativo, mientras que el rey y sus ministros ostentaban el poder ejecutivo.

Al igual que en la Constitución francesa de 1791, en la constitución gaditana la soberanía residía ya no en el rey, sino en la nación (entendida en aquella época como un conjunto de individuos que comparten un destino político común por tradición de vida asociada, formada por una comunidad de factores, entre ellos la lengua, el territorio, la religión, la raza, las costumbres sociales y jurídicas).

Sin embargo, la Constitución de Cádiz, por su adhesión al modelo unicameral, se distanció de la matriz ilustrada francesa. Además, a diferencia de la Constitución francesa, en la Constitución de Cádiz, que constaba de 384 artículos en total, las disposiciones sobre la religión católica (que se consideraba «la única verdadera», por lo que «la nación la protege con leyes sabias y justas, y prohíbe el ejercicio de cualquier otra») tenían una importancia considerable. También fueron relevantes las disposiciones sobre el gobierno local, la milicia, la educación, los impuestos y la posibilidad de una reforma constitucional.

En general, la Constitución de Cádiz fue el resultado de un compromiso entre liberales y conservadores partidarios del *ancien régime*. Fue una Constitución de síntesis entre tradición y modernidad, ya que su texto era a la vez revolucionario (en el sentido de que afirmaba la soberanía nacional y abrazaba el principio de la división de poderes) y de tradición conservadora (en el sentido de que reafirmaba la legitimidad de la monarquía y seguía considerando la religión católica como la religión del Estado). Duró poco, ya que fue abolida el 4 de mayo de 1814 por el rey Fernando VII (que la consideraba ilegítima, al haber sido aprobada por las Cortes en su ausencia). Sin embargo, precisamente por ser considerada menos jacobina que la francesa, fue tomada posteriormente como modelo por gran parte de los soberanos europeos (en primer lugar Carlos Alberto, que la adoptó en 1821 como príncipe regente de Saboya-Carignano).

2.7. Contractualismo, derecho natural y positivismo

A pesar de sus profundas diferencias, la idea de fondo común de las experiencias constitucionales del siglo XIX ha sido que las diversas disciplinas que regulan la convivencia social son fruto de un "pacto social", entendido como un intercambio solemne de prestaciones recíprocas, celebrado por hombres naturalmente libres. Sin embargo hay ciertos derechos que no pueden entrar en la negociación por ser la base de la propia negociación social: como tales, estos derechos no están disponibles para los hombres que entran en la negociación social (y, en consecuencia, tampoco lo están para los poderes constituidos sobre la base de dicha negociación).

La doctrina del consentimiento tiene el inconveniente de subordinar la necesidad de protección de los valores fundamentales a un «consentimiento», del que no se especifican ni la forma de adquirir los elementos cognoscitivos necesarios ni las características y el alcance que debe presentar para asumir relevancia. Por otra parte, la doctrina del consentimiento puede implicar que, en relación con un mismo bien de la vida de las personas, el sistema de protección varíe según lo haga el país de referencia: por tanto, una misma situación puede estar o no regulada y, de estarlo, puede ser de forma diferente en cada uno de los ordenamientos jurídicos de referencia. Por último, llama la atención el carácter problemático de un sistema que confía a una figura numérica o electiva la tutela de valores fundamentales que, en cambio, son en sí mismos susceptibles de ser protegidos incluso más allá del consentimiento de los destinatarios y, de hecho, en contra de la mayoría[52].

---

[52] Convergentes en este sentido, aunque partiendo de presupuestos filosóficos diferentes, son las enseñanzas de Norberto Bobbio cuando afirmó que «la regla de la mayoría no es aplicable a todas las situaciones», y las enseñanzas de Joseph Ratzinger cuando, antes de ocupar el trono pontificio, identificó como «uno de los riesgos más graves» para el derecho en nuestro tiempo la afirmación del «consenso como fuente del derecho».

Bobbio, a quienes se referían al pacto social, les respondía «que el primer gran escritor político que formuló la tesis del contrato social, Thomas Hobbes, sostenía que el único derecho al que las partes contratantes al entrar en sociedad no habían renunciado era el derecho a la vida» (entrevista concedida por Bobbio a *La Stampa* el 15-V-1981 y recordada por Palini, 1992, p. 74). Según Bobbio (*La regola della maggioranza e i suoi limiti*, in AA.VV, *Soggetti e potere. Un dibattito su società civile e crisi della politica*, Nápoles, 1983, p. 18), «el derecho a la vida, a la libertad y a las diversas formas de libertad personal, civil y social» no pueden someterse al voto de la mayoría, ya que estos derechos constituyen las condiciones necesarias para la aplicabilidad misma del principio de la mayoría.

Para dar un fundamento lógico a la inviolabilidad de estos derechos indisponibles, puede haber muchas alternativas teóricas en abstracto, pero, de todas ellas, las más seguidas han sido el derecho natural y el positivismo: los derechos inviolables, para el primero, están dotados de una validez independiente de las opciones particulares del sistema positivo en cuestión (en el que, por tanto, deben ser reconocidos, identificados, revelados), mientras que, para el positivismo, sólo son jurídicamente concebibles si se fundan, en cuanto a su valor, en normas o disposiciones de derecho positivo estricto.

Diversas corrientes de pensamiento se remontan al derecho natural. Una primera forma de derecho natural es aquella según la cual los derechos inviolables tienen eficacia directa en los ordenamientos jurídicos positivos, bien porque están inscritos por Dios en la conciencia de cada hombre (por ejemplo, los neoagustinos y Locke), bien porque los hombres participan a prorrata de la naturaleza divina (por

---

Por otro lado, Joseph Ratzinger afirmaba lo siguiente el 10 de noviembre de 1999 en la Universidad LUMSA de Roma, con ocasión de la investidura de su doctorado *honoris causa* en jurisprudencia: «Si la razón ya no es capaz de encontrar el camino de la metafísica, sólo quedan para el Estado las convicciones comunes sobre los valores de los ciudadanos, convicciones que se reflejan en el consenso democrático. No es la verdad la que crea el consenso, sino que es el consenso el que crea, no tanto la verdad, como los ordenamientos comunes. La mayoría determina lo que debe contar como verdadero y correcto. Esto significa que el Derecho está expuesto al juego de las mayorías y depende de la conciencia de los poderes de la sociedad del momento, que a su vez está determinada por múltiples factores».

En última instancia, para los dos, el valor de la persona humana queda fuera del alcance de la mayoría.

ejemplo, los neotomistas) o del orden racional y necesario de la naturaleza (por ejemplo, Spinoza). Otra forma de derecho natural moderno es aquella según la cual los «derechos inviolables», aunque independientes y anteriores a la experiencia positiva individual, son sin embargo producto de la Razón (impersonal) común a todo hombre (universal), en cuanto representan las condiciones *a priori* que hacen posible un régimen jurídico positivo ordenado de manera racional (entre los principales exponentes de esta corriente de pensamiento se encuentran Grocio, Coke, Hobbes, Pufendorf, Althusius, Kant[53]). La forma más reciente del derecho natural, surgida bajo la influencia de la filosofía de los valores, la fenomenología y el cristianismo, es el personalismo (por ejemplo, de Mounier o Maritain), que parte del reconocimiento de la centralidad del concepto de persona, entendida como unidad ontológica fundadora de acciones materiales, que se correlacionan con valores e irradian un contenido normativo en todos los niveles de la acción humana.

El positivismo, por su parte, se remonta a la concepción de la persona (Grocio la planteó en términos de ser

---

[53] Según Antonio BALDASSARRE (ID, *Derechos de la persona y valores constitucionales*, Turín, 1997, p. 12), con una distinción: «Mientras que algunos de ellos (Grocio, Coke, etc.), partiendo de una concepción de la razón como criterio infalible para el descubrimiento de verdades objetivas y absolutas, creen que los derechos producidos por la *recta ratio* son absolutamente inatacables e inmodificables, otros en cambio (como Hobbes o Hume), concibiendo la razón como guía utilitaria de la acción propia de cada hombre y por tanto como criterio falible, sostienen que los "derechos naturales" son "derechos hipotéticos", que los soberanos de cualquier régimen positivo (pueblo, asambleas, monarcas) pueden reconocer si desean perseguir el "buen gobierno", es decir, el objetivo de una sociedad racionalmente organizada».

humano). Por otro lado (y también Grocio se refiere a ella, aunque de forma crítica, citando incluso a autores de la antigüedad clásica), el positivismo puede remontarse a la concepción que hace coincidir los derechos inviolables con los garantizados por normas internacionales generalmente reconocidas o por declaraciones particulares de derechos promulgadas por naciones concretas: se trataría de una especie de *ius gentium*, que incluiría derechos que, precisamente por ser universalmente aceptados, son superiores a los ordenamientos jurídicos nacionales individuales (respecto de los cuales serían, por tanto, inviolables). También se puede rastrear en el positivismo la concepción moderna que considera los derechos inviolables (o al menos algunos de ellos: la libertad de expresión del pensamiento, la libertad personal, el derecho de voto, el derecho de asociación o reunión, el derecho a la información y a la igualdad) como la piedra angular, el cimiento funcional sobre el que se construye todo el edificio de la democracia pluralista (por ejemplo, Meiklejohn y Dahl), así como la concepción igualmente moderna que sitúa al individuo como tal en el centro, es decir, como portador de libertades esencialmente negativas (por ejemplo, la libertad frente a la interferencia de otros) y como ser dotado de independencia natural (por ejemplo, Dworkin). Parece seguro afirmar que el positivismo, en las tres formas mencionadas, sitúa el consenso universal, la democracia pluralista y la autodeterminación e independencia individuales (es decir, el individualismo absoluto) respectivamente en la cúspide de los valores.

En definitiva, los derechos inviolables han sido interpretados a lo largo del tiempo de diversas maneras: en consonancia con la cultura imperante, la tradición, el derecho natural o ciertas ideas madres (persona, autodeterminación, libertad negativa, etc.) han sido puestas en su fundamento de tiempo en tiempo. Tampoco han faltado épocas históricas en las que los derechos inviolables se han asociado al derecho de resistencia que todo ser humano tiene frente a las autoridades responsables de violaciones abiertas de principios situados por encima de su poder. En cualquier caso, con independencia del enfoque metodológico seguido, toda concepción de los derechos inviolables toma como fundamento un modelo ideal (principios normativos superiores, valor comunitario, valores individuales o personales).

3. LA FASE DE INTERNACIONALIZACIÓN

En el derecho internacional clásico, y hasta el final de la Segunda Guerra Mundial, se consideraba que el tratamiento del hombre —considerado singularmente en su calidad, primero de súbdito y luego de ciudadano— era competencia exclusiva de los ordenamientos jurídicos internos, y que todo el asunto era competencia de la jurisdicción interna de cada Estado.

3.1. La Sociedad de Naciones

Esta concepción comenzó a desvanecerse tras la Primera Guerra Mundial[54], cuando la Sociedad de Naciones, or-

---

[54] En 1919 también se creó la Organización Internacional del Trabajo (OIT), cuyo objetivo era mejorar las condiciones y la calidad de vida de los trabajadores. En particular, la OIT elaboró y aprobó el Convenio

ganización internacional de carácter general y universal que pretendía responder a la necesidad de garantizar la paz de forma duradera, dio un impulso particular a la creación del sistema contemporáneo de derechos fundamentales, tratando de institucionalizar las relaciones de fuerza entre los Estados.

El acta fundacional de la Sociedad (el llamado Pacto de la Sociedad de Naciones) se estipuló durante la Conferencia de Paz de París de 1919 y se incluyó en los textos de los tratados de paz que definieron el nuevo orden internacional tras la guerra.

Sus competencias eran muy amplias e incluían el mantenimiento de la paz, la reducción de armamentos, la administración de territorios coloniales para su independencia, así como el desarrollo de la cooperación internacional en diversos campos, principalmente la protección de los derechos humanos.

Sin embargo, ya debilitada por la no adhesión de Estados Unidos, la Organización fracasó al cabo de unos años debido a la inercia que mostró ante acontecimientos bélicos como el ataque de Italia a Etiopía (1931), la invasión japonesa de China y Manchuria (1935), y fundamentalmente el estallido de la Segunda Guerra Mundial (1939).

3.2. Los juicios de Nuremberg

Cuando la Segunda Guerra Mundial también llegó a su fin, el 8 de mayo de 1945, Alemania quedó reducida a

---

n.º 182 el 17 de junio de 1999 para combatir al menos las peores y más extremas formas de trabajo infantil.

un inmenso campo de escombros: el Estado nazi ya no existía y Alemania estaba ocupada por las tropas aliadas (estadounidenses, soviéticas, británicas y francesas).

Ya en 1943, los aliados estadounidenses, soviéticos y británicos habían publicado una declaración conjunta en la que anunciaban un juicio contra los autores nazis de esta guerra una vez finalizada[55].

En agosto de 1945, los aliados, de los que también formaban parte los franceses, acordaron crear un tribunal internacional[56] (con ocho jueces, dos de cada uno de los

---

[55] Del 18 de octubre al 11 de noviembre de 1943 se celebró en Moscú la Tercera Conferencia Tripartita. Al término de la reunión, se redactó un documento en el que los tres líderes de la coalición (Franklin Delano Roosevelt, Stalin y Winston Churchill) se comprometían a que, al final de la guerra, los criminales nazis serían juzgados según las leyes del país en el que se hubieran cometido los crímenes. En la posterior Conferencia de Teherán, celebrada del 28 de noviembre al 1 de diciembre del mismo año, se amplió el concepto de delito nacional y se superó el de punibilidad nacional.

[56] El procedimiento seguido (desde el nombramiento de los jueces hasta los resultados de las decisiones) ha sido cuestionado en varias ocasiones. Por ejemplo, KELSEN, aunque estaba a favor de la celebración de un juicio para castigar los crímenes nazis, expresó su preocupación por la composición del tribunal, observando (*Peace through Law*, Chapel Hill, 1944, p. 111): «No cabe duda de que un tribunal internacional es mucho más adecuado para esta tarea que un tribunal nacional civil o militar. Sólo un tribunal constituido por un tratado internacional en el que son parte no sólo los vencedores, sino también los vencidos, no encontrará esas dificultades con las que debe lidiar un tribunal nacional».

En respuesta, GOODHART, profesor de la Universidad de Oxford, señaló (*The Legality of the Nuremberg Trials*, Juridical Review, abril de 1946): «Aunque este argumento puede sonar atractivo en teoría, ignora el hecho de que va en contra de la administración de la ley de cualquier nación. Si fuera cierto, ningún espía podría tener un juicio legal,

países aliados), que debía llevar a cabo un juicio contra 24 altos cargos del Estado nazi[57]. Además de este juicio, hubo otros doce, con un total de 185 acusados: médicos y juristas, miembros de la policía y de las SS, líderes industriales, ministros y altos cargos del Estado nazi[58].

El juicio de los 24 debía celebrarse en Berlín, pero en las ruinas de la capital no había ningún edificio adecuado para ello. Así que se eligió la ciudad de Nuremberg, donde el palacio de justicia y la prisión adyacente habían permanecido casi indemnes a la destrucción de la guerra. Nuremberg también tenía un gran valor simbólico para el Estado nazi: era aquí donde Hitler había celebrado los congresos del partido nazi y la ciudad era considerada la capital ideológica del nazismo.

Los Juicios de Nuremberg fueron un acontecimiento que no sólo sacudió profundamente la conciencia de los

---

porque su caso siempre lo llevan jueces que representan a la nación enemiga. Sin embargo, nadie en estos casos argumentó nunca que se debía convocar a un jurado neutral. Los presos tienen derecho a pedir que sus jueces sean justos, pero no que sean neutrales. Como señaló Lord Writ, el mismo principio se aplica al derecho penal ordinario porque "un ladrón no puede quejarse de ser juzgado por un jurado de ciudadanos honrados"».

[57] Además de los 24 acusados, también iban a ser juzgados Adolf Hitler, canciller de Alemania y principal responsable de todos los crímenes, Heinrich Himmler, jefe de las SS y de la policía, y Joseph Goebbels, jefe de propaganda nazi, pero estos se suicidaron una semana antes del final de la guerra.

[58] En realidad, también estaba previsto un juicio separado contra Benito Mussolini pero, como dijo CHURCHILL en sus memorias (*La resa tedesca*, en *La Seconda Guerra Mondiale*, Milano, 2000, p. 1256), «el asesinato de Mussolini nos ahorró un Nuremberg italiano».

alemanes[59], sino que también tuvo una gran influencia en el desarrollo del derecho penal internacional. En particular, en 1949 se firmaron los cuatro Convenios de Ginebra[60]. En 1950, la Comisión de Derecho Internacional, a petición de la Asamblea General de las Naciones Unidas, elaboró un informe titulado "Principios de Derecho Internacional reconocidos en el Capítulo del Tribunal de Nuremberg y en las Sentencias del Tribunal". Posteriormente, la misma Comisión propuso la creación de un tribunal penal internacional y la elaboración de códigos

---

[59] Muchos alemanes se enteraron por primera vez por una fuente oficial de las terribles crueldades que se habían cometido en nombre de Alemania y de la llamada "raza aria". Otros sólo obtuvieron la confirmación de lo que ya sabían (o suponían) desde hacía tiempo. Para todos los alemanes fue motivo de profunda vergüenza, que dejaría una marca indeleble en la conciencia colectiva.

[60] Los cuatro Convenios de Ginebra versaban, respectivamente, sobre: la mejora de las condiciones de los heridos y enfermos de las fuerzas armadas en campaña (Convenio I); la mejora de las condiciones de los heridos, enfermos y náufragos de las fuerzas armadas en el mar (Convenio II); el trato a los prisioneros de guerra (Convenio III); y la protección de las personas civiles (Convenio IV).

A los cuatro Convenios de Ginebra de 1949 se sumaron posteriormente dos Protocolos de 1977, que introdujeron la regulación de los conflictos armados internacionales (Protocolo I) y los conflictos armados internos (Protocolo II) bajo el impulso de las guerras coloniales de independencia y la labor de las Naciones Unidas.

El Derecho Internacional Humanitario, cuyo corpus jurídico se ha ampliado mediante convenios sobre temas específicos (por ejemplo, el uso de armas químicas), tiene claros puntos de contacto con el Derecho Internacional de los Derechos Humanos: ambos protegen la dignidad humana, con la diferencia de que el Derecho Internacional de los Derechos Humanos protege la dignidad humana en tiempos de paz, mientras que el Derecho Internacional Humanitario la protege específicamente en tiempos de conflicto.

penales internacionales. Así, en 1998 se creó en La Haya la Corte Penal Internacional[61], que tiene jurisdicción —complementaria a la de los Estados individuales (ya que sólo puede intervenir si estos no actúan)— sobre crímenes internacionales (genocidio, crímenes contra la humanidad y crímenes de guerra, a los que se ha añadido más recientemente el llamado crimen de agresión).

3.3. Las Naciones Unidas

La idea de que los derechos humanos son competencia interna de cada Estado se redefinió al final de la Segunda Guerra Mundial, cuando se fundó la Organización de las Naciones Unidas en San Francisco el 26 de junio de 1945.

Su Carta fundacional, tras reafirmar «la fe en los derechos fundamentales, en la dignidad y el valor de la persona humana y en la igualdad de derechos de hombres y mujeres» (Preámbulo, párrafo 2), incluye entre los fines de la organización la promoción y el fomento del respeto de los derechos humanos y las libertades fundamentales de todos, sin hacer distinción por motivos de raza, sexo, lengua o religión (art. 1.3).

Sin embargo, la Carta no define los derechos humanos, ni enumera su contenido, ni impone a los Estados miembros obligaciones específicas de protección de los derechos

---

[61] La Corte Penal Internacional —que no debe confundirse con la Corte Internacional de Justicia de la ONU, también con sede en La Haya— no es un órgano de la ONU (aunque mantiene algunos vínculos con ella: por ejemplo, el Consejo de Seguridad tiene la facultad de remitir a la Corte situaciones que, de otro modo, no serían de su competencia).

fundamentales, sino que se limita a establecer, aunque de manera general, que el incumplimiento de los principios y propósitos enunciados en la Carta conlleva la no admisión (art. 4) o la expulsión (art. 6) de un Estado de la organización, en ambos casos por decisión de la Asamblea General y previa propuesta del Consejo de Seguridad.

Las competencias atribuidas a las Naciones Unidas para contribuir al desarrollo progresivo de la protección de los derechos humanos en el ámbito internacional son múltiples y consisten esencialmente en la predisposición: a) de actos normativos que creen normas universales de respeto de los derechos fundamentales; b) de un sistema de control destinado a verificar el respeto por parte de los Estados de los derechos protegidos en la ONU; c) de medidas de asistencia.

En particular, la acción normativa se concreta en la adopción de recomendaciones[62], declaraciones de principios[63] y convenios[64].

---

[62] Las recomendaciones son actos que, aunque no tienen fuerza vinculante, desempeñan un papel decisivo en la elaboración y el desarrollo progresivo del Derecho internacional, ya que las indicaciones que contienen, si corresponden a la práctica general de los Estados y van acompañadas de la *opinio juris ac necessitatis*, pueden convertirse en auténticas normas internacionales consuetudinarias.

[63] Las Declaraciones de Principios son «actos no vinculantes emitidos por la Asamblea General» que se dirigen a la generalidad de los Estados y contienen un conjunto de normas que rigen las relaciones entre los Estados y entre estos y los nacionales y extranjeros. Suelen reproducir normas internacionales ya existentes, incluidas las consuetudinarias; si contienen normas ya presentes en el Estatuto y equiparan su violación a una violación del propio Estatuto, asumen fuerza vinculante.

[64] Los convenios son vinculantes para las partes contratantes y pueden ser de carácter general o especial (en este último caso,

Entre los actos más importantes, producidos en el seno de la organización, cabe citar —además de la Declaración Universal de los Derechos Humanos (Nueva York, 10 de diciembre de 1948), de la que se hablará más adelante— el Pacto Internacional de derechos civiles y políticos (Nueva York, 16 de diciembre de 1966), el Pacto internacional de derechos económicos, sociales y culturales (Nueva York, 16 de diciembre de 1966), la Convención Internacional sobre la eliminación de todas las formas de discriminación racial (Nueva York, 21 de diciembre de 1965), la Convención sobre la eliminación de todas las formas de discriminación contra la mujer (Nueva York, 18 de diciembre de 1979), la Convención contra la tortura y otros tratos o penas inhumanos o degradantes (Nueva York, 10 de diciembre de 1984), la Convención sobre los derechos del Niño (Nueva York, 20 de noviembre de 1989) y la Convención Internacional sobre la protección de los derechos de todos los trabajadores migrantes y de sus familiares (Nueva York, 18 de diciembre de 1990).

También ha sido copiosa hasta ahora la producción de «resoluciones dedicadas a la protección de los derechos humanos» por parte de la Asamblea General (que se reúne cada septiembre en el Palacio de Cristal para escuchar a los dirigentes de los 193 países asociados y a los dos observadores: el Vaticano y Palestina)[65], a veces para

---

pretenden proteger determinadas categorías o condenar violaciones específicas).

[65] Entre las resoluciones más recientes se encuentran la de 23 de febrero de 2023, presentada por 75 países (entre ellos Italia) sobre el conflicto ruso-ucraniano, que fue aprobada con 141 votos a favor, 7 en contra (además de Rusia, Siria, Bielorrusia, Eritrea, Corea del Norte,

reiterar y precisar ciertos derechos ya enunciados en actos normativos.

A. La Declaración Universal de los Derechos Humanos

Sobre la base del artículo 68 de la Carta, se creó la Comisión encargada de redactar la Declaración Universal de los Derechos Humanos.

Los trabajos preparatorios comenzaron el 16 de febrero de 1946, con el ambicioso objetivo de redactar un documento aceptable para todas las religiones, ideologías y culturas; en ellos participaron personalidades del mundo de la cultura de todas las partes del planeta, como Mahatma Gandhi y Benedetto Croce, a partir de una consulta promovida por la UNESCO, y juristas de varios países, entre ellos el francés René Cassin, a quien debemos la redacción de la mayor parte del documento.

Gracias a la colaboración entre los diferentes componentes políticos y culturales, finalmente fue posible alcanzar un compromiso para la aprobación de un documento unitario[66]: la Declaración fue adoptada en París por la

---

Nicaragua y, por primera vez, Mali) y 32 abstenciones; así como la resolución de 27 de octubre de 2023, presentada por Jordania sobre el conflicto entre Israel y Hamás, que fue aprobada con 120 votos a favor, 14 en contra y 45 abstenciones, incluida la de Italia.

[66] BENEDICTO XVI, durante su *Discurso ante la Asamblea General de las Naciones Unidas* el 18 de abril de 2008, afirmó que la Declaración Universal de los Derechos Humanos «fue el resultado de una convergencia de tradiciones religiosas y culturales, todas ellas motivadas por el deseo común de situar a la persona en el centro de las instituciones, leyes y actividades de la sociedad, y de considerar a la persona humana esencial para el mundo de la cultura, la religión y la ciencia». Los

Asamblea General el 10 de diciembre de 1948 con 48 votos a favor, 8 abstenciones[67] y ningún voto en contra.

La Declaración consta de 30 artículos que incluyen derechos políticos y civiles (las llamadas libertades negativas, ya que corresponden a una obligación de no hacer por parte del Estado) y derechos socioeconómicos (que, por el contrario, requieren que el Estado adopte instrumentos que permitan su disfrute efectivo)[68]. Proporciona una primera lista orgánica de derechos, colmando la laguna de contenido del Estatuto de la ONU y recogiendo el consenso de los Estados miembros, que estaban, al menos en parte, a favor de limitar el principio de jurisdicción interna.

Técnicamente, la Declaración es una resolución, es decir, una recomendación adoptada en forma de declaración

derechos humanos se presentan cada vez más como el lenguaje común y el sustrato ético de las relaciones internacionales.

[67] Se abstuvieron: los países socialistas, aunque habían obtenido la inclusión de ciertos derechos económicos y sociales, porque la Declaración no enunciaba el derecho de autodeterminación de los pueblos y no preveía medidas específicas de garantía; Arabia Saudí, que a diferencia de otros países musulmanes consideraba que ciertos principios entraban en conflicto con la tradición islámica; Sudáfrica, donde el régimen de *apartheid* entonces vigente entraba en claro conflicto con el principio de igualdad de todos los hombres proclamado en la Declaración.

[68] Observa Vittorio POSSENTI (ID, Entrevista concedida a Luca DIDONATO, publicada en 2020 en la revista on line *personalcentro.eu*) que, en un futuro no muy lejano se producirá una integración del dictado de la Declaración Universal de 1948 en dos líneas distintas: «En su ampliación con respecto a los deberes, casi ausentes entonces; una especificación con respecto a la ecología, la cuestión de la responsabilidad hacia las generaciones venideras, el agotamiento de los recursos, el problema de la paz y el armamento nuclear».

de principios que, como tal, no es vinculante para los Estados firmantes. Por otra parte, debido a su solemnidad y a la importancia de los principios que contiene, la Declaración ha adquirido un valor ético-político innegable: por primera vez en la historia, en efecto, Estados pertenecientes a diferentes áreas geopolíticas han identificado un núcleo esencial de derechos pertenecientes a todo hombre y a todo Estado, iniciando un proceso de universalización de los derechos[69].

Sólo desde mediados de los años ochenta —también sobre la base de los pronunciamientos de la Corte Internacional de Justicia (por ejemplo, la importante sentencia sobre el problema de los rehenes americanos en Irán, en la que se afirmó que existe, como parte integrante del

---

[69] El adjetivo universal en la Declaración de los Derechos Humanos engloba varios significados: expresa la aspiración a algo universalmente humano, a inspirarse en la acción; indica la voluntad de la Declaración de dirigirse a todos los pueblos de la tierra partiendo del supuesto de que puede ser universalmente comprendida y universalmente apreciada; implica la confianza en que lo que afirma puede traducirse en acciones y comportamientos que correspondan a realidades culturales diferentes y a determinaciones locales específicas; afirma que los contenidos expresados en la Declaración, por muy susceptibles de crítica que sean, mejoran su significado y su aplicación, y son irreversibles, en el sentido de que representan un resultado del que no hay vuelta atrás.

Así se afirma en la Declaración de la Conferencia Mundial de Derechos Humanos de las Naciones Unidas, celebrada en Viena en 1993: «Todos los derechos humanos son universales, indivisibles e interdependientes y están relacionados entre sí [...] [Por lo tanto], aunque debe tenerse presente el valor de las condiciones históricas, culturales y religiosas particulares y variables, es obligación de los Estados, teniendo en cuenta sus sistemas políticos, económicos y culturales, promover y proteger todos los derechos humanos y las libertades fundamentales».

derecho internacional vinculante para todos, un conjunto de principios que pueden extraerse de la Declaración Universal de 1948), así como de los tribunales y cortes supremas occidentales (por ejemplo, el histórico pronunciamiento del Tribunal de Casación francés a mediados de los años ochenta sobre el caso *Barbie*)— se puede afirmar que, al menos para una serie de disposiciones relativas a los derechos fundamentales, las normas de la Declaración forman parte del derecho internacional general, como derecho consuetudinario en el que se reconocen todos los países.

B. El Tribunal Internacional de Justicia

Denominado en el artículo 92 del Estatuto "órgano judicial principal de las Naciones Unidas", es el órgano de la ONU designado para dirimir controversias[70] relativas a la interpretación y aplicación del derecho internacional entre Estados miembros de las Naciones Unidas que hayan aceptado su jurisdicción (ya sea antes o después de que se produzca el caso sometido a revisión por el Tribunal)[71]: a través de sus pronunciamientos, el Tribu-

---

[70] Cabe recordar que el acceso al principal órgano jurisdiccional de las Naciones Unidas está vedado a los particulares; de hecho, el Tribunal sólo ejerce su jurisdicción, en un contexto contencioso, contra los Estados, y en un contexto consultivo, únicamente a petición de órganos o institutos especializados de las Naciones Unidas.

[71] En numerosas circunstancias, el Tribunal ha proporcionado hasta ahora orientaciones inequívocas sobre la interpretación de determinadas normas, declarando explícitamente que ciertas conductas entran en claro conflicto con las obligaciones internacionales de protección

nal no sólo ha contribuido significativamente a la protección y promoción de los derechos humanos y a la progresiva erosión de los límites de la jurisdicción nacional en este ámbito; también ha hecho más efectivas diversas obligaciones de los Estados al reconocer explícitamente su carácter consuetudinario[72].

En términos generales, el Tribunal puede ser competente para conocer reconvenciones relativas a la aplicación

de los derechos humanos. El Tribunal, por ejemplo en su dictamen de 1971 sobre el caso de la *presencia continuada de Sudáfrica en Namibia*, condenó la práctica del *apartheid* como violación flagrante de la Carta de las Naciones Unidas; en su sentencia de 24 de mayo de 1980 sobre el caso del personal diplomático y consular estadounidense en Teherán, consideró la toma de rehenes como una práctica manifiestamente incompatible con los principios fundamentales de protección de los derechos humanos. En un dictamen emitido el 9 de julio de 2004 en relación con las consecuencias jurídicas de la construcción de un muro en los territorios palestinos ocupados, afirmó explícitamente que la construcción del muro constituía un grave impedimento para que el pueblo palestino ejerciera su derecho a la autodeterminación y que, al llevar a cabo este proyecto, el gobierno israelí había cometido violaciones del derecho internacional humanitario e incumplido varias obligaciones derivadas de los dos Pactos de la ONU y de la Convención sobre los Derechos del Niño.

[72] Cf. la Opinión Consultiva de 28 de mayo de 1951 (emitida en el caso de las reservas a la Convención para la prevención y la sanción del delito de genocidio), en la que el Tribunal declaró que el genocidio, como negación del derecho a la vida de grupos enteros, está prohibido por un principio general vinculante para todos los Estados; así como el caso *Barcelona Traction* (1970), en el que el Tribunal reconoció las obligaciones derivadas de determinados derechos fundamentales para la protección de la persona humana (como la prohibición de la esclavitud o la discriminación racial) como obligaciones *erga omnes*, ya que todos los Estados tienen un interés jurídico en su protección.

e interpretación de normas de *ius cogens* (es decir, normas imperativas de derecho internacional general, por utilizar la expresión introducida por la Convención de Viena sobre el Derecho de los Tratados de 1969), como las que prohíben la tortura, la esclavitud, el genocidio, el *apartheid*, la contaminación masiva de los mares y la atmósfera, los crímenes de guerra y los crímenes contra la humanidad, y la que defiende el principio de autodeterminación.

No hay que olvidar los *límites* que el propio Tribunal encuentra en el desempeño de su labor. Una primera limitación objetiva es el hecho de que, en el ejercicio de su competencia contenciosa, el Tribunal sólo puede ser llevado ante él por los Estados, que generalmente tienen poca inclinación a llevar ante los tribunales internacionales los litigios relativos a la supuesta violación de los derechos humanos fundamentales dentro de sus fronteras. Además, el Tribunal no dispone de medios coercitivos para imponer sus decisiones a los Estados.

4. La fase de universalización

La firma del Estatuto de las Naciones Unidas[73] el 26 de junio de 1945 marcó el inicio del proceso de transición

---

[73] En el Preámbulo del Estatuto, que entró en vigor el 24 de octubre de 1945, se especificaba que la decisión «reafirma la fe en los derechos fundamentales del hombre, en la dignidad y el valor de la persona humana, en la igualdad de derechos de hombres y mujeres y de las naciones grandes y pequeñas». En el Preámbulo, por tanto, los derechos fundamentales (afirmados sin distinción y sin enumeración alguna) se basan en la dignidad y el valor de la persona humana: toma forma la concepción de la persona humana como valor

hacia un nuevo orden internacional, en el que los derechos humanos tendían a afirmarse no sólo en el seno de los Estados y en función de sus acciones, sino también, en su caso, contra los Estados[74], sobre la base de un principio cada vez más reconocido de primacía de la persona sobre la institución, que remite a su vez a una concepción del poder como servicio (y no como mera fuerza al servicio de las armas y los intereses del príncipe). Y la protección de los derechos humanos ya no es sólo un requisito vinculado a los intereses de uno o varios Estados, sino una de las condiciones esenciales para mantener la paz y la seguridad internacionales.

4.1. Las declaraciones fundacionales de un nuevo orden mundial

En el mismo marco temporal de la Declaración Universal de los Derechos Humanos y de la celebración de los Juicios de Nuremberg, se aprobaban en Europa las nuevas Cartas Constitucionales de algunos Estados[75] y se

---

unitario, que postula la igualdad entre hombres y mujeres y entre naciones pequeñas y grandes.

[74] TRUJILLO-VIOLA, *What human rights are not (or not only)*, cit.

[75] En el contexto europeo, la protección de los derechos humanos en el ámbito internacional ha obtenido resultados sin parangón en otros lugares, lo que ha provocado un rápido declive del principio de no injerencia. Esta tendencia queda patente en una Declaración Política adoptada en Viena el 20 de marzo de 1985 por los Estados miembros del Consejo de Europa, en la que se reafirmaba la convicción de que «la protección de los derechos humanos y de las libertades fundamentales constituye un interés legítimo y urgente de la comunidad internacional y de sus miembros» y que «las manifestaciones de interés por

ultimaban los Tratados que pusieron en marcha un proceso de integración europea destinado a proyectarse progresivamente por todo el Continente.

En particular:

— el 22 de diciembre de 1947, la Asamblea Constituyente aprueba la Constitución de la República Italiana;
— el 23 de mayo de 1949 se promulgó la Ley Fundamental de la República Federal de Alemania;
— el 18 de abril de 1951, los gobiernos de seis países europeos (entre ellos Italia) firman en París el Tratado constitutivo de la Comunidad Europea del Carbón y del Acero, primer paso del proceso de integración europea;
— el 25 de marzo de 1957, los mismos Estados fundadores firmaron en Roma el Tratado constitutivo de la Comunidad Económica Europea y el Tratado constitutivo de la Comunidad Europea de la Energía Atómica.

Podríamos seguir enumerando las numerosas declaraciones fundacionales de un nuevo orden constitucional a todos los niveles —nacional, regional y mundial— que se sucedieron en el corto espacio de unos pocos años: de hecho, el reconocimiento de un amplio abanico de derechos fundamentales y la identificación de instrumentos y

---

la observancia de estos derechos y libertades por parte de un Estado determinado no pueden considerarse una "injerencia en los asuntos internos de dicho Estado"».

órganos específicos para su protección también pueden encontrarse en las constituciones posteriores a la Segunda Guerra Mundial de áreas culturales y geográficas distintas de Europa, como América Latina y África.

Pero lo que más interesa destacar aquí es precisamente esa progresiva e imparable afirmación de un nuevo modelo de poder, supranacional y centrado en la protección de los derechos y libertades fundamentales de los seres humanos, tan profundamente cuestionado en los primeros cincuenta años del "siglo corto".

El impulso hacia la construcción de un nuevo mundo une todos estos (y muchos otros) actos constitutivos aprobados tras el fin del conflicto. Y, en efecto, la segunda mitad del siglo XX inauguró una nueva era en la historia de la humanidad[76], cuya fisonomía se trazó y cuyos cimientos se sentaron en el espacio de unos pocos años, los mismos en que se adoptó la Declaración Universal de los Derechos Humanos. La paz, la prosperidad y, sobre todo, la primacía de la persona humana son las palabras clave del nuevo orden, que los hombres y mujeres de entonces querían transmitir a las generaciones futuras. Entre los escombros de los horrores de dos guerras mundiales y las atrocidades sin precedentes de los totalitarismos de la época, los hombres y mujeres de aquella generación quisieron sembrar una semilla de esperanza.

---

[76] Llamada la Edad de los Derechos por Norberto Bobbio: cf. BOBBIO, *La Edad de los Derechos. Doce lecciones sobre derechos humanos*, Turín, 1992.

4.2. Hacia un sistema europeo de protección integrada de los derechos fundamentales

A. El sistema convencional CEDH

Tras la Segunda Guerra Mundial, todos los países de Europa Occidental elaboraron cartas constitucionales que afirmaban los derechos fundamentales y preveían tribunales supremos para garantizar su observancia.

Sin embargo, por temor a que los sistemas nacionales de protección volvieran a dejar de funcionar algún día:

— el 5 de mayo de 1949 se firmó en Londres el tratado constitutivo del Consejo de Europa (que inicialmente estaba formado por diez Estados europeos y actualmente por 46 países); su estatuto reafirmaba la adhesión incondicional a los ideales de libertad y democracia (como patrimonio común de los Estados europeos) y el compromiso mutuo de cooperación para lograr una integración cada vez más estrecha destinada a salvaguardar y seguir promoviendo estos ideales; el Consejo actúa mediante recomendaciones, acuerdos y convenios;

— el 4 de noviembre de 1950 se firmó en Roma el Convenio Europeo para la Protección de los Derechos Humanos y de las Libertades Fundamentales[77], en el marco del Consejo de Europa y con el objetivo de reforzar la protección de los derechos

---

[77] Se ha señalado que el CEDH es un catálogo de derechos, administrado por una jurisprudencia *ad hoc*, detrás de la cual no hay ningún sistema político o institución política representativa.

fundamentales de los ciudadanos frente a sus autoridades nacionales mediante el control externo del CEDH.

Las Altas Partes Contratantes, que se han adherido al CEDH, no han cedido ninguna parte de su soberanía al sistema del CEDH.

Sin embargo, el CEDH, contrariamente a la Declaración Universal de Derechos Humanos, no se limita a enunciar un catálogo de derechos, que los Estados firmantes se comprometen a respetar, sino que crea un verdadero sistema de protección de los derechos afirmados en él, previendo el derecho (concedido a los Estados y a los particulares) de recurrir a un órgano jurisdiccional específico: el TEDH. Este no puede privar de eficacia ni anular las disposiciones legislativas nacionales ni las decisiones de los tribunales nacionales, pero puede afirmar que el comportamiento de un Estado (y, en particular, una disposición legislativa nacional o una decisión judicial) constituye una violación de una o varias disposiciones del Convenio (o de uno de sus protocolos adicionales). En tal caso, según el artículo 46 del Convenio, el Estado, responsable de la violación, está obligado a adoptar las medidas necesarias para remediar la violación constatada mediante el cese de la conducta lesiva y la eliminación de sus consecuencias. Y lo hace bajo la supervisión del Comité de Ministros del Consejo de Europa.

B. El sistema comunitario

El 18 de abril de 1951, con el Tratado de París, a iniciativa de los políticos franceses Jean Monnet y Robert Schuman, del canciller alemán Konrad Adenauer y del primer ministro italiano Alcide De Gasperi, Italia y otros cinco países europeos (Bélgica, Francia, Alemania Occidental, Luxemburgo y Países Bajos) crearon la Comunidad Europea del Carbón y el Acero (CECA) con el objetivo de poner en común la producción de estas dos materias primas y dar un primer paso hacia una vía federal europea.

La integración, que comenzó con la creación de la CECA limitada a dos sectores, se amplió primero al conjunto de la economía europea con la creación de la Comunidad Económica Europea (CEE) y la Comunidad Europea de la Energía Atómica por el Tratado de Roma de 25 de marzo de 1957; y, luego, también a sectores que van más allá del ámbito estrictamente económico, por el Tratado de Maastricht de 7 de febrero de 1992, que marcó el paso de una comunidad de mercado a una comunidad de personas, así como por el Tratado de Lisboa de 13 de diciembre de 2007, que introdujo numerosas innovaciones y, en particular, a efectos de la presente investigación, reconoció el efecto jurídico vinculante de la Carta de los Derechos Fundamentales de la Unión Europea y previó la posibilidad de que la Unión Europea, de la que actualmente forman parte 27 países, se adhiriera al Convenio Europeo de Derechos Humanos.

En el sistema comunitario, por oposición al sistema del Consejo de Europa, los seis Estados fundadores, al ceder parte de su soberanía, confiaron a las Comunidades Económicas Europeas una función unificadora en ámbitos específicos de sus respectivos ordenamientos jurídicos, motivados por la necesidad de garantizar la protección de sus intereses económicos comunes: las Comunidades europeas nacieron como una organización internacional con un ámbito de actuación esencialmente económico.

Los derechos fundamentales —ya garantizados por el CEDH de 1950, del que eran signatarios todos los Estados fundadores de las Comunidades Europeas— siguieron sin mencionarse en los tratados durante mucho tiempo.

Sólo más tarde se modificaron progresivamente los tratados para anclar la Unión en la protección de los derechos fundamentales.

En la actualidad, la Unión Europea, gracias a su Carta de los Derechos Fundamentales, que tiene el mismo valor jurídico que los Tratados, ha superado los confines originales de la exclusiva dimensión económica y se ha encaminado hacia el difícil objetivo de la unidad política.

Entre las instituciones de la Unión Europea, el Tribunal de Justicia ocupa un lugar especial. Este, entre otras funciones, tiene la de activar a los tribunales nacionales mediante una «remisión prejudicial». En pocas palabras, el Tribunal de Justicia, cuando se plantea una cuestión prejudicial de interpretación, aclara y precisa el sentido de la disposición de Derecho europeo objeto de la cuestión prejudicial. La sentencia interpretativa del Tribunal de Justicia es vinculante para el órgano jurisdiccional nacional que plantea la cuestión prejudicial, que está obligado a aplicar la norma europea, tal como ha sido interpretada por el Tribunal de Justicia. No obstante, habida cuenta de la importancia del papel desempeñado por este último, el principio formulado por él en cada sentencia interpretativa puede ser pertinente para cualquier órgano jurisdiccional que actúe en el espacio jurídico europeo.

C. El llamado sistema multinivel de derechos fundamentales

Como consecuencia de la evolución legislativa menciona-da[78], el ordenamiento jurídico de cualquier país europeo —que sea a la vez Alta Parte Contratante del CEDH y Estado miembro de la Unión Europea— sigue siendo el ordenamiento jurídico nacional, en la medida en que sea compatible con el sistema unitario europeo y con el sistema del Convenio: el ordenamiento jurídico nacional, el sistema del Convenio y el ordenamiento jurídico europeo son ordenamientos jurídicos distintos, pero que se comunican entre sí[79].

---

[78] La próxima etapa de esta evolución debería ser la adhesión de la Unión al CEDH, ya que este último es el instrumento originalmente previsto tras el final de la Segunda Guerra Mundial para la protección de los derechos fundamentales en Europa, y se adhieren a él no sólo los Estados que (antes miembros de las Comunidades Económicas Europeas) son ahora miembros de la Unión Europea, sino también los Estados que nunca han sido miembros de la Unión o que, aun habiendo sido miembros, ahora no lo son. La adhesión de la UE al CEDH significará que también la UE, como ya ocurre con los Estados miembros (que también son Estados contratantes del Convenio), tendrá que someterse de alguna manera al control del Tribunal Europeo de Derechos Humanos (es decir, un órgano jurídico externo a la Unión) en lo que respecta al respeto de los derechos fundamentales. Tras la adhesión, no sólo los ciudadanos de la UE, sino también los nacionales de terceros países presentes en el territorio de la UE, podrán impugnar actos jurídicos adoptados por la UE directamente ante el TEDH, sobre la base de las disposiciones del CEDH, del mismo modo que ambos pueden actualmente impugnar actos jurídicos adoptados por los Estados miembros de la UE.

[79] Así se desprende claramente de la legislación italiana, que, tras la reforma del Título V de la Constitución en 2001, establece que: «El

Por lo tanto, el ordenamiento jurídico de cualquiera de los países que son a la vez parte del CEDH y miembro de la Unión Europea se caracteriza actualmente, en términos de derechos fundamentales, por la coexistencia de tres sistemas de protección: cada uno de estos sistemas tiene su propio catálogo (la Constitución nacional, el CEDH, la Carta de los Derechos Fundamentales) y su propio órgano jurisdiccional supremo (Tribunal Constitucional, CEDH, Tribunal de Justicia), pero al mismo tiempo interactúa con los demás.

Se ha creado así un "sistema de vasos comunicantes", un proceso de ósmosis entre los sistemas: en dicho sistema, la protección de un derecho fundamental individual, otorgada por el Derecho convencional o europeo, se erige en una red de protección mínima, es decir, en un sistema de protección que no excluye una protección más intensa a escala nacional. Esto explica por qué en los países europeos, que son partes del CEDH y Estados miembros de la UE, se ha constituido desde hace años un «sistema

---

poder legislativo es ejercido por el Estado y las Regiones dentro del respeto de la Constitución, así como de las limitaciones derivadas del régimen de comunidad y de las obligaciones internacionales». La modificación del artículo 117 de la Constitución, en cuanto a la relación entre el Derecho nacional y el Derecho europeo, se limitó a dar relevancia expresa a una restricción que ya había sido afirmada por la jurisprudencia del Tribunal de Justicia y del Tribunal Constitucional; pero, en cuanto a la relación entre el Derecho nacional y el Derecho convencional, tal y como aclararon las Sentencias *n.*º 348 y 349 de 2007 del Tribunal Constitucional italiano, ha supuesto que las normas del CEDH integren ahora, como normas interpuestas, el parámetro de constitucionalidad constituido por el artículo 117 de la Constitución.

multinivel»[80] en el ámbito de los derechos fundamentales, que evoluciona progresivamente hacia un «sistema europeo de protección integrada».

En definitiva, las cartas constitucionales de todos los países de la Unión Europea añaden hoy dos niveles más de legalidad a la «legalidad ordinaria» y a la «legalidad constitucional»: el de la «legalidad comunitaria» (aunque sólo en materias de competencia de la Unión) y el de la «legalidad convencional» (aunque sólo de forma subsidiaria, en cuanto al respeto de los derechos fundamentales de la persona humana). Con la consecuencia de que cualquier órgano jurisdiccional nacional de cualquier país de la Unión, a la hora de interpretar cualquier disposición de su Derecho interno en materia de derechos fundamentales, debe tener siempre en cuenta el macrotexto de referencia (carta constitucional, Derecho europeo y Derecho convencional) y la interpretación que de dicho macrotexto haga el órgano jurisdiccional de referencia (Tribunal Constitucional, Tribunal de Justicia, Tribunal de Derechos Humanos).

D. El problema de la inseguridad jurídica

Desde una perspectiva de progresiva integración entre los distintos países europeos, la existencia de un sistema multinivel de derechos fundamentales y su progresiva

---

[80] La afortunada expresión fue ideada por Ingolf PERNICE (cf. *Multilevel Constitutionalism and the Treaty of Amsterdam: European Constitution-Making Revisited?* en Common Market Law Review, 36 (1999), 703 y ss., pero también *Multilevel Constitutionalism in the European Union*, en European Law Review, 2002, 511 y ss.).

evolución hacia un sistema europeo de protección integrada puede considerarse un hecho positivo en sí mismo.

Sin embargo, en la actual contingencia histórica, lo anterior hace aún más grave el problema de un derecho incierto (que es una constante en todo ordenamiento jurídico): los derechos fundamentales son la encrucijada de varios ordenamientos jurídicos (es decir, el punto en el que el ordenamiento jurídico nacional intercepta los ordenamientos jurídicos comunitario y convencional), adoptan lenguajes jurídicos diferentes y tienen tribunales de referencia distintos. Sus relaciones no siempre se inspiran en la misma lógica y en un *principium cooperationis* general pues la definición de cada derecho fundamental requiere un delicado acto de equilibrio con otros derechos fundamentales y con los deberes de solidaridad. Forman así un sistema con derechos. Y este acto de equilibrio, hasta que se logre la unidad política entre los países europeos, es responsabilidad exclusiva de los parlamentos nacionales (que no siempre parecen estar a la altura) y de los tribunales constitucionales nacionales[81].

No es el reconocimiento de los derechos fundamentales lo que puede provocar procesos de federalización o de unidad política entre los países de la Unión Europea. Son estos los que pueden conducir a formas cada vez más intensas de extensión y protección de lo fundamental. En este sentido, la actual contingencia histórica

---

[81] En este contexto abigarrado, la responsabilidad de los tribunales nacionales de legitimidad aumenta, ya que su misión es garantizar la formación de directrices jurisprudenciales que sean conformes no sólo desde el punto de vista constitucional, sino también desde el convencional y comunitario.

—caracterizada por la reciente pandemia, las guerras generalizadas en diversas partes del mundo, los constantes flujos migratorios y la persistente crisis económica— podría ser una oportunidad favorable para dar un paso decisivo en el proceso de integración europea.

Pero cuándo dar ese paso, y cómo hacerlo, depende de la política.

4.3. El sistema interamericano

El inicio del sistema interamericano de derechos humanos se remonta tradicionalmente[82] a la Primera Conferencia Internacional Americana, celebrada en Washington del 2 de octubre de 1889 al 19 de abril de 1890: participaron 18 países que acordaron establecer la Unión Internacional de Repúblicas Americanas (con fines comerciales y sede en Washington).

Las conferencias internacionales posteriores contribuyeron a la adopción de acuerdos fundamentales. En particular:

a) la Novena Conferencia, que tuvo lugar en Bogotá (Colombia) en 1948, y aprobó la Declaración Americana de los Derechos y Deberes del Hombre y la Carta de la Organización de Estados Americanos. Esta entró en vigor en 1951 (fue modificada posteriormente por los Protocolos de Buenos Aires en 1970, Cartagena

---

[82] Sobre el sistema interamericano de protección de los derechos humanos, véase Santiago-Bellocchio, *Historia de la Corte Interamericana de Derechos Humanos*, La Ley, Buenos Aires, 2018.

en 1985, Washington en 1992 y Managua en 1993) y estableció el primer ordenamiento jurídico entre las naciones del continente americano[83];

b) La Décima Conferencia, que tuvo lugar en Caracas (Venezuela) en 1954 y aprobó la llamada Resolución XXI, por la que se creó la Corte Interamericana de Derechos Humanos;

c) la Decimotercera Conferencia, celebrada en San José (Costa Rica) en 1969, en la que se aprobó la Convención Americana sobre Derechos Humanos.

A. La Declaración Americana de los Derechos y Deberes del Hombre

La Declaración Americana de los Derechos y Deberes del Hombre, adoptada en abril de 1948 en Bogotá, constituye el primer instrumento internacional de protección de los derechos humanos a nivel mundial (la Declaración Universal de los Derechos Humanos, de hecho, se adoptaría en diciembre de ese mismo año, es decir, ocho meses más tarde).

La Declaración Americana, que consta de 37 artículos, se divide en dos capítulos.

El primero (art. 1-28) está dedicado a los *derechos* de la persona humana. A este respecto, se establece que los derechos esenciales de la persona derivan no de su

---

[83] La Organización —que inicialmente estaba formada por 21 Estados, pero que ahora incluye a los 35 estados del continente americano— firmó la Convención Interamericana de Derechos Humanos en 1969 y se dotó de dos órganos (la Comisión y la Corte Interamericana de Derechos Humanos), a los que se confía la protección internacional como subsidio a la ofrecida por los órganos nacionales de cada país miembro.

pertenencia a un Estado y, por tanto, de su nacionalidad, sino de su atributo como ser humano. De este
principio se desprende que la legislación de un Estado
en materia de derechos fundamentales ni crea ni concede derechos, sino que sólo los reconoce en virtud del hecho de que estos derechos existen independientemente
de la existencia de un Estado. Lo especial de este primer
capítulo es que los derechos enumerados en él incluyen
no sólo derechos civiles y políticos, sino también económicos, sociales y culturales (propiedad, cultura, trabajo,
ocio y seguridad social).

El segundo capítulo (arts. 29-37) está dedicado a los
deberes de la persona humana. Estos incluyen las obligaciones para con la sociedad, los hijos y los parientes, la
obligación de recibir educación, la obligación de votar, de
obedecer la ley, de servir a la comunidad y a la nación,
de cooperar para la seguridad social y el bienestar, de pa-
gar impuestos, de trabajar y de abstenerse de actividades
políticas en un país extranjero que por ley estén restringi-
das a los ciudadanos de ese país. Lo especial de este segundo capítulo es que enumera los deberes de los individuos
hacia la sociedad y dentro de ella.

La Declaración Americana se adoptó como un instrumento no vinculante: debía servir de pauta para el desarrollo del nuevo sistema interamericano inaugurado con
la creación de los Estados Americanos, coherente con sus
principios fundacionales (entre ellos, el respeto a los derechos fundamentales de la persona sin distinción de raza,
nacionalidad, credo o sexo).

Sin embargo, con el paso del tiempo, el sistema interamericano se ha desarrollado dotándose de otros

instrumentos para la protección de los derechos humanos[84]. En este marco, la Comisión, la Corte Interamericana, así como la Asamblea General de la OEA han reconocido que la Declaración constituye una fuente de obligaciones internacionales para los Estados miembros de la OEA.

B. La Convención Americana sobre Derechos Humanos

El 22 de noviembre de 1969 se firmó la Convención Americana sobre Derechos Humanos (también conocida como Pacto de San José de Costa Rica) en una Conferencia Internacional Extraordinaria celebrada en esa ciudad.

La Convención consta de 82 artículos y está dividida en tres partes: la primera (art. 1-32), sobre los deberes de los Estados y los derechos protegidos; la segunda (art. 33-73), sobre los medios de protección; la tercera (art. 74-83) contiene disposiciones generales y transitorias.

Alcanzado el número necesario de ratificaciones, la Convención entró en vigor el 18 de julio de 1978 y constituye el principal instrumento de protección y promoción de los derechos humanos en el sistema interamericano.

---

[84] En este sentido, cabe recordar: a) la Resolución 314 de 22 de junio de 1977, en la que los Estados encomendaron a la Comisión la elaboración de un estudio para presentar sus obligaciones derivadas de los compromisos adquiridos mediante la firma de la Declaración; b) la Resolución 370 de 1 de julio de 1978 en la que se hizo referencia a los compromisos internacionales de un Estado miembro de respetar los derechos reconocidos en la Declaración; c) la Resolución 371, también de 1 de julio de 1978, en la que la Asamblea General reafirmó su compromiso de promover el cumplimiento de la Declaración.

Hasta hoy, 25 Estados han ratificado la Convención[85]: Argentina, Barbados, Bolivia, Brasil, Chile, Colombia, Costa Rica, Dominica, Ecuador, El Salvador, Jamaica, Granada, Guatemala, Haití, Honduras, México, Nicaragua, Panamá, Paraguay, Perú, República Dominicana, Siriname, Trinidad y Tobago, Uruguay y Venezuela (Trinidad y Tobago renunció a la Convención el 26 de mayo de 1998, mientras que Venezuela lo hizo el 10 de septiembre de 2012).

A la Convención Americana le siguieron dos protocolos adicionales (instrumentos internacionales que tienen por objeto incluir otros derechos y libertades en el régimen de protección de la Convención): el Protocolo adicional relativo a los derechos humanos en materia de derechos económicos, sociales y culturales (firmado el 7 de noviembre de 1988) y el Protocolo sobre la abolición de la pena de muerte (firmado el 8 de junio de 1990). Estos prevén expresamente la competencia de la Comisión y del Tribunal.

C. La Corte Interamericana de Derechos Humanos

El proyecto de desarrollar un instrumento convencional para la protección de los derechos humanos a nivel regional comenzó a gestarse ya en 1948.

En 1959 se creó la Comisión Interamericana de Derechos Humanos. Encuentra su fundamento jurídico en el

---

[85] Por lo tanto, los Estados miembros de la OEA que aún no han ratificado la Convención son: Antigua y Barbuda, Bahamas, Belice, Canadá, Cuba, Estados Unidos, Guyana, San Cristóbal y Nieves, San Vicente y las Granadinas y Santa Lucía.

artículo 106 de la Carta de Bogotá, por la que se establece la OEA, y tiene su sede en Washington. Tiene diversas funciones y, en particular, la de aceptar y examinar las denuncias presentadas por individuos, grupos de individuos y organizaciones no gubernamentales sobre presuntas violaciones de los derechos fundamentales.

Veinte años después de la creación de la Comisión, se creó también la Corte Interamericana de Derechos Humanos: su Estatuto fue aprobado mediante la Resolución n.º 448, adoptada por la Asamblea General de la OEA en La Paz (Bolivia) en octubre de 1979 (y, por tanto, pocos meses después de la entrada en vigor de la Convención Americana).

La Corte tiene su sede en San José (Costa Rica), pero puede celebrar sus reuniones en cualquier otro Estado miembro de la OEA.

Según el artículo 2 del Estatuto, la Corte ejerce funciones jurisdiccionales (reguladas por los artículos 61 a 63) y consultivas (reguladas por el artículo 64): mientras que estas últimas se ejercen a petición de cualquier Estado miembro de la OEA sobre la interpretación de la Convención Interamericana, de otros tratados de derechos humanos y de la compatibilidad de estos últimos con cualquier ley interna, las funciones jurisdiccionales se ejercen únicamente respecto de los Estados parte de la Convención Interamericana que hayan reconocido la competencia de la Corte[86].

---

[86] Así, para que un caso pueda ser presentado ante la Corte contra un Estado Parte, debe haber reconocido la competencia de la Corte. En resumen: de los 35 países que componen la OEA, 25 países han ratificado

La Corte sólo puede conocer los casos que le remita la Comisión y una vez concluido el procedimiento ante esta. Si la Corte considera que se ha violado un derecho o libertad protegidos por la Convención Americana, puede ordenar que se garantice al perjudicado el disfrute de la situación jurídica violada, así como una reparación e indemnización. Sin embargo, no existe ningún mecanismo coercitivo que garantice el cumplimiento de las sentencias de la Corte: el Estado que desafía la decisión de la Corte no es objeto de sanción alguna, pero su conducta es mencionada en el Informe Anual de la OEA.

Cabe añadir que desde la creación de la Corte se han producido dos innovaciones de importancia fundamental. En primer lugar, en 2001, cuando entró en vigor el Cuarto Reglamento de la Corte, que reconoció un autónomo *locus standi in judicio* en los procedimientos ante la Corte a los representantes de los individuos cuyos derechos se alegan vulnerados. En segundo lugar, en 2006, cuando la Corte, con la sentencia dictada el 26 de septiembre en el asunto Almonacid Arellano y otros c. Chile, introdujo el llamado "control de convencionalidad", es decir, reconoció a los órganos judiciales nacionales la posibilidad de activar

la Convención Americana. Veinte de ellos reconocen actualmente la competencia de la Corte Interamericana (Argentina, Barbados, Bolivia, Brasil, Chile, Colombia, Costa Rica, Ecuador, El Salvador, Guatemala, Haití, Honduras, México, Nicaragua, Panamá, Paraguay, Perú, República Dominicana, Surinam y Uruguay). Por lo tanto, la actividad de la Corte tiene actualmente influencia en la vida de tres de las principales regiones políticas de las Américas (América Central, la Región Andina y el Cono Sur), pero no en América del Norte (Canadá y Estados Unidos) y tampoco en el Caribe.

la intervención del Tribunal para verificar la compatibilidad de las normas internas, susceptibles de aplicación en un caso concreto, con las disposiciones del Convenio.

4.4. El sistema africano

Comparado con los sistemas europeo e interamericano, el africano es el más reciente y complejo de los sistemas de protección internacional de los derechos humanos.

A ello han contribuido el yugo colonial (que perduró en el continente hasta la década de 1960), la escasa consistencia del vínculo unitario entre los nuevos Estados africanos (surgidos a instancias de los Estados colonizadores) y la confluencia de diferentes tradiciones jurídicas (con la consiguiente superposición del derecho de base religiosa y del derecho consuetudinario indígena sobre el derecho positivo, de matriz estatalista).

La primera organización internacional africana fue la Organización para la Unidad Africana[87], creada en 1963 y bajo cuyo impulso se adoptó en 1981 en Nairobi la Carta Africana de Derechos Humanos y de los Pueblos[88].

En la actualidad, el sistema africano de protección está encomendado a dos órganos: la Comisión Africana, creada por la Carta Africana en 1981; y el Tribunal Africano, instituido por un Protocolo adoptado en 1998.

---

[87] La actual Unión Africana, por su parte, nació oficialmente en el vértice de Durban (Sudáfrica) el 9 de julio de 2002.

[88] La Carta Africana es el primer instrumento moderno de derecho internacional que combina derechos con deberes (hacia la familia, la sociedad, el Estado y la comunidad internacional).

4.5. Los derechos humanos en Oriente Medio

La Declaración Universal de Derechos Humanos de 1948 fue el punto de partida de un replanteamiento global de los derechos humanos fundamentales en la tradición islámica: en 1948, de los 58 Estados miembros, sólo seis eran Estados árabes (Arabia Saudí, Egipto, Irak, Líbano, Siria y Yemen) y cuatro Estados no árabes de mayoría islámica (Afganistán, Irán, Pakistán y Turquía). La declaración fue votada a favor por 48 de los 58 estados mencionados. Pero, entre los 10 restantes[89], sólo Arabia Saudí se abstuvo con razones oficiales expuestas en un Memorándum del Ministerio de Asuntos Exteriores, que cuestionaba el derecho de una mujer musulmana a casarse con un no musulmán, el derecho a cambiar de religión y el derecho a la huelga y a formar sindicatos[90].

---

[89] De los diez Estados que no votaron a favor de la Declaración Universal de los Derechos Humanos, ocho se abstuvieron (Unión Sudafricana, Unión Soviética, Bielorrusia, Ucrania, Checoslovaquia, Polonia, Hungría, así como Arabia Saudí), mientras que Yemen y Honduras se ausentaron de la votación.

[90] Por su parte, el representante de Pakistán manifestó que el Islam puede adaptarse a las necesidades de una sociedad liberal y que la Declaración de la ONU era compatible con las enseñanzas del Corán. Las posiciones de Arabia Saudí y Pakistán representan respectivamente las "dos voces distintas" de las reacciones musulmanas: por un lado, la oposición frontal de algunos Estados árabes a la Declaración de 1948, y por otro, la reacción constructiva de un enfoque "islámico" de los derechos fundamentales mediante el intento de codificación de los derechos humanos según el modelo de la Carta de la ONU.

A pesar de la dificultad de adherirse a la Carta de la ONU en parte del mundo árabe, la vía de los derechos humanos también se ha desarrollado en esta parte del mundo.

Así, desde los años ochenta, existen iniciativas en el seno de la Liga de Estados Árabes (LEA) y de la Organización de la Conferencia Islámica (OCI) para constituir una alternativa islámica a la Declaración Universal de Derechos Humanos de la ONU (las Conclusiones y Recomendaciones de la Conferencia de Kuwait de 1980; la Declaración sobre los Derechos Humanos en el Islam de 1981 del Consejo Islámico de Europa; la Declaración sobre los Derechos Humanos en el Islam de 1990; la Carta Árabe de Derechos Humanos de 1994; la Declaración de Marrakech de 2016).

La definición de un conjunto de derechos fundamentales, pertenecientes al hombre como tal, y el consiguiente reconocimiento de su universalidad, constituye uno de los ámbitos de confrontación entre la tradición islámica y la cultura occidental en la época contemporánea.

Los países musulmanes, en particular, cuestionan la concepción occidental del derecho natural, según la cual los derechos humanos encuentran su fundamento en el hombre mismo y no en Dios. Para el Islam, en efecto, los derechos humanos están consagrados por la ley divina, que, como tal, es superior a cualquier legislación humana y más adecuada para protegerlos porque no está sujeta a cambios inspirados en consideraciones materialistas o contingentes.

No cabe duda de la "diversidad" del mundo islámico respecto a la forma occidental de entender la convivencia civil: considérese, por ejemplo, la concepción de la mujer[91], la poligamia[92], la relación entre religión y política, el trato reservado a quienes pertenecen a otras confesiones religiosas, el papel reconocido (o no) a la libertad religiosa[93], la diferente forma de entender la relación entre fe y razón[94], etc.

---

[91] En los países islámicos, el estatus de la mujer en el matrimonio es bastante particular: no tiene los mismos derechos en materia de repudio/divorcio (en ciertos casos sólo el hombre puede iniciar el divorcio, la mujer no); los hijos e hijas pertenecen al padre (también en materia de religión); la tutela legal de los hijos se confía al padre o a un pariente masculino; la mujer no tiene los mismos derechos que el hombre en materia de herencia; el hombre puede casarse con una no musulmana, pero la mujer musulmana tiene prohibido casarse con un no musulmán; la exclusión de la mujer de la vida social y política se extiende también a la educación, de modo que en las sociedades musulmanas la tasa de analfabetismo entre las mujeres es bastante elevada. La discriminación de la mujer con respecto al hombre en el derecho procesal, el derecho de sucesiones y el derecho matrimonial tienen su base en el propio Corán y están más o menos codificadas en las leyes de todos los países de inspiración islámica.

[92] En los países musulmanes, una mujer sólo puede casarse con un hombre, pero un hombre puede tener hasta cuatro novias legítimas, además de concubinas.

[93] En particular, en los países de mayoría islámica, no está permitido abandonar la propia fe islámica para adherirse a otra fe religiosa: la conversión a otra fe religiosa se sanciona con penas de prisión o de muerte. Lo que se subraya en los países islámicos es la dimensión colectiva de la comunidad islámica, según la cual la apostasía de sus miembros va en detrimento de toda la comunidad. Por el contrario, el principio que se aplica en los ordenamientos jurídicos occidentales contemporáneos —de clara inspiración cristiana— es la libertad de conciencia.

[94] La concepción de Dios y del hombre es muy diferente en el cristianismo y en el islamismo. En el primero, el hombre está llamado a la comunión con Dios en la filiación adoptiva (en la que clamamos 'Abba', Padre: Rm 8, 15); en el islamismo, se le considera 'abd ("siervo")

Sin embargo, en lo que aquí interesa, la clara divergencia entre el Islam y el mundo occidental se refiere al derecho y la persona humana.

En la perspectiva islámica, el derecho debe entenderse no como el de la persona, sino como el de la comunidad (*ummah*). El Islam ni siquiera conoce la palabra "persona"; su sinónimo es "*fard*" (individuo). Este es parte integrante y dependiente de la gran sociedad islámica (la *ummah*, precisamente). Dentro de ella tiene derechos y deberes. El individuo, si abandona la religión por ateísmo o conversión a otra religión, pierde todos sus derechos; es más, puede ser condenado a muerte por traición. Por tanto, en los países de mayoría islámica, la fuente de los derechos individuales es la comunidad islámica: en última instancia, es esta la garante de los derechos y deberes que el Corán y la ley islámica, la *sharia*, reconocen, conceden y niegan.

Por el contrario, en la experiencia del mundo occidental, fruto de una cultura que ha crecido sobre raíces cristianas y evangélicas, se ha establecido una concepción del derecho vinculada a la persona. Esta es la razón fundamental por la que la Declaración Universal de los Derechos Humanos no es reconocida en los países y grupos que pretenden aplicar la ley islámica.

---

o, como mucho, *halifah* ("siervo califal"), que invoca a Dios llamándole *rabb* ("Señor"), *rahmn* ("clemente") y *rahfm* ("misericordioso"), pero siempre con la raíz *rabb* "Señor". Entre los 99 nombres de Dios que la tradición islámica ha asumido o inferido del Corán, se excluye estrictamente el nombre de "Padre" (un atributo que se considera incompatible con el Dios coránico y que el propio Corán niega), que es el protagonista de la oración enseñada por Jesús a sus discípulos.

La cuestión sigue siendo la propia persona. En efecto, el humanismo islámico sitúa al hombre en el centro de la esfera religiosa y política en la medida en que, por sus facultades y aptitudes psicofísicas, constituye un testigo y una representación de lo divino. Sin embargo, el individuo no puede ser representado fuera de su comunidad: los derechos y deberes se realizan y agotan siempre en el seno de la *Ummah*. Lo relevante no es tanto el derecho del individuo como el derecho de la comunidad islámica.

Una dimensión colectiva tan marcada, si bien tiene el mérito de hacer hincapié en el reconocimiento de los derechos sociales y los deberes de solidaridad, determina limitaciones en la protección de los derechos individuales, que la concepción occidental considera difíciles de aceptar.

4.6. *Los derechos humanos en el Sudeste Asiático*

Hay que partir de la premisa de que Asia —entendida como unidad cultural, política, económica e histórica— no existe. Es sabido que, desde un punto de vista geográfico, lo que tradicionalmente llamamos continente asiático se extiende desde Filipinas hasta Oriente Medio, pasando por Japón, el Sudeste Asiático, Indonesia, China e India, es decir, países entre los que no sólo no se distingue una traducción jurídica común, sino tampoco una tradición cultural común. En resumen, el llamado continente asiático consiste en una zona muy extensa y densamente poblada que no es homogénea desde ningún punto de vista: ni cultural, ni económico, ni político.

Aunque no existe un concepto unificado de Asia, sí hay valores asiáticos compartidos: la primacía de los intereses colectivos sobre la comunidad y la armonía social individual; el respeto por los mayores, el cuidado del orden y la estabilidad, el interés por la familia y los parientes, la nación y la comunidad; el valor de la frugalidad, el ahorro y el trabajo duro; la voluntad de sacrificarse y sacrificar los propios deseos por la familia, el aplazamiento de la gratificación presente por el beneficio a largo plazo; el valor del compromiso con la educación.

Los valores asiáticos también han incluido los siguientes: la no creencia en el individualismo "occidental"; el trabajo en equipo nacional; la importancia del contrato social entre el pueblo y el Estado; la importancia de un medioambiente moralmente intacto; la creencia de que la libertad no es un derecho absoluto; la familia tradicional como modelo de sociedad; el respeto de las jerarquías; el consenso en lugar de la contestación; y la prevalencia de las obligaciones sobre los derechos.

Se ha argumentado que la existencia de los llamados valores asiáticos haría que los derechos humanos fueran inaplicables en Asia[95]. La tradición asiática sería incompatible con los derechos humanos de corte occidental basados en el individualismo, ya que privilegia los deberes de los individuos sobre sus derechos y privilegia los derechos colectivos sobre los individuales. En esta jerarquía,

---

[95] Existen numerosas declaraciones de representantes gubernamentales de países asiáticos que reiteran la singularidad del enfoque asiático de los derechos humanos. Especialmente significativas son las declaraciones realizadas por algunos gobiernos asiáticos durante la Conferencia de Viena de junio de 1993.

los derechos colectivos de carácter social y cultural, como el derecho de la nación al desarrollo económico, prevalecen sobre los derechos privados a la libertad y la participación política.

Quizás sólo puedan hacerse consideraciones diferentes para el Sudeste Asiático: precisamente en esta zona opera desde 1967 la Asociación de Naciones del Sudeste Asiático (ASEAN). Además de los cinco Estados fundadores (Indonesia, Malasia, Filipinas, Singapur y Tailandia), esta organización reúne a otros cinco Estados: Brunei Darussalam (desde el 8 de enero de 1984), Vietnam (desde el 28 de julio de 1995), Laos y Myanmar (desde el 23 de julio de 1997) y Camboya (desde el 30 de abril de 1999). En total, los 10 países de la ASEAN tienen una población de más de 500 millones de habitantes.

Es un hecho que, a finales del siglo pasado, algunos Estados de la zona adoptaron nuevas constituciones (Corea del Sur y Filipinas en 1987, Laos en 1991, Vietnam en 1992, Camboya en 1993, Tailandia en 1997), mientras que otros Estados llevaron a cabo profundas revisiones constitucionales (Indonesia).

Hay que señalar que el concepto de Constitución en el Sudeste Asiático es muy diferente del que se ha desarrollado en Europa y Norteamérica, como medio de hacer valer los derechos a través de la limitación del poder. Por ese motivo, a pesar de las declaraciones de principios, incluso en los países del Sudeste Asiático, los derechos humanos, lejos de configurarse como antecedentes del Estado y límites a su poder, se reconstruyen actualmente en términos de derivación del propio Estado.

4.7. El lenguaje moderno de los derechos

Se ha dicho que la Declaración de Independencia de Estados Unidos de 1776 y la Declaración de los Derechos del Hombre y del Ciudadano redactada en Francia entre 1789 y 1793, aunque con diferencias, dieron origen al lenguaje moderno de los derechos.

No obstante, hay que señalar que las "cartas de derechos" del primer constitucionalismo europeo y del constitucionalismo norteamericano son muy diferentes de las constituciones del siglo XX (es decir, posteriores a la Constitución de Weimar).

En efecto, en el constitucionalismo liberal tradicional, la ley del parlamento era el centro en torno al cual giraba el sistema político: se pedía a la sociedad civil una especie de poder en blanco mediante el proceso electoral en favor de un órgano representativo, que gestionara concretamente los asuntos públicos en una tendencia a desvincularse del cuerpo electoral. En el constitucionalismo contemporáneo, sin embargo, el Parlamento también está subordinado a la Constitución, y el Tribunal Constitucional tiene la tarea de garantizar esta subordinación, recibiendo incluso el poder de invalidar la ley parlamentaria. Con la consecuencia fundamental de que, en la concepción tradicional, la constitución era una especie de esquema enunciativo de principios abstractos, que siempre necesitaban ser operativizados por la ley para su aplicación concreta. El constitucionalismo moderno modifica en gran medida este planteamiento, ya que la Constitución se impone con fuerza al legislador. El juez puede utilizar directamente sus normas y el juez constitucional es responsable de su protección puntual.

Además, en las constituciones de los siglos XVIII y XIX abundan las proposiciones filosófico-políticas que culminan en la enunciación de ciertas libertades medidas sobre figuraciones individuales abstractas, mientras que en las constituciones contemporáneas no hay nada elitista y la dimensión volitiva cede el paso a una dimensión cognitiva, en la que la sociedad civil asume un papel protagonista.

En definitiva, las constituciones del siglo XX difieren de las de los siglos XVIII y XIX[96]: estas últimas proponían una sociedad monoclasista, protegían únicamente a la burguesía, se desinteresaban de los cuerpos intermedios, expresaban valores abstractos, ya que se referían a un hombre abstracto (a un individuo que vivía en una sociedad monoclasista) y, en cualquier caso, se limitaban a identificar los límites móviles de las libertades individuales. Sin embargo, las constituciones contemporáneas (las de la segunda mitad del siglo XX) se refieren a un Estado que contiene toda la riqueza de una sociedad multiclasista, en la que el individuo es una persona; por otra parte, dichas constituciones no son sólo documentos que establecen los límites del poder, sino que son ante todo un gran proyecto de convivencia civil.

---

[96] MARINELLI, *Il mugnaio di Sans-souci. La storia come metodo nell'interpretazione giuridica*, en la revista jurídica en línea *Giustizia Civile*, 2014, n.º 3, p. 639 y p. 643.

5. LA FASE DE GLOBALIZACIÓN Y SU CRISIS ACTUAL

Dentro del marco descrito anteriormente se encuentra la fase de globalización de los derechos humanos.

Una de las principales características de la sociedad contemporánea es la llamada globalización de la producción y los mercados, así como de las propias relaciones humanas, hasta el punto de que se habla del mundo como de una *aldea global*[97].

---

[97] El término *globalización* se ha incorporado al lenguaje común. Fue el semiólogo canadiense Marshall McLuhan, en los años sesenta, quien utilizó por primera vez el adjetivo global en sentido moderno; mientras que fue el historiador francés Fernand Braudel, estudiando los inicios del capitalismo en la sociedad de los años 1500 y 1600, quien señaló el carácter estructural de las interdependencias que trae consigo el comercio internacional.

Sigue siendo controvertido, sin embargo, el significado del término (en la variante francesa *mondialization*): globalización, en efecto, debe entenderse, según algunos (véase, por ejemplo, entre muchos, BECK, *Che cos'è la globalizzazione. Rischi e prospettive della società planetaria*, Roma, 1999, p. 24), como «el proceso por el cual los Estados-nación y su soberanía están condicionados y conectados transversalmente por actores transnacionales, sus posibilidades de poder, sus orientaciones, identidades y redes», y, según otros (véase, por ejemplo, entre muchos, CLARK, *Globalizzazione e frammentazione. Le relazioni internazionali nel XX secolo*, 1997, Bolonia, 2001, p. 43), como «la integración y fusión de las economías nacionales como resultado de las actividades transnacionales de las empresas».

Los resultados y la evaluación del fenómeno también son controvertidos: según la opinión común, la globalización debería evaluarse en términos positivos por los valores de libertad que parece aportar, pero también hay quienes sostienen (véase, por ejemplo, entre muchos otros, SEN, *Globalizzazione e libertà*, Milano, 2002, p. 11) que el fenómeno conduce a una fragmentación cada vez mayor y, como

5.1. Las principales líneas de desarrollo del proceso contemporáneo

Existen varias líneas peculiares de desarrollo del proceso de globalización contemporáneo[98]:

— *la ampliación de la sociedad internacional*: una primera línea en el desarrollo de la globalización puede verse en la ampliación de la sociedad internacional: después de la Guerra Fría, tras la descolonización y la formación de nuevos Estados, la participación en la vida de la sociedad internacional ha crecido considerablemente: baste considerar que el número de Estados miembros de la ONU en 1945 era de 49, mientras que hoy son unos 200[99];

---

tal, debería evaluarse en términos negativos en su conjunto (porque aumenta las diferencias, los desequilibrios, la explotación).

El debate es obviamente muy articulado y bastante complejo, tanto en el aspecto económico y político como en el sociocultural: pero aquí basta con subrayar su impacto duradero en la teoría y la práctica de los derechos humanos. Para algunas reflexiones importantes, inspiradas en parte en David Held, véase AMATO MANGIAMELI, *Stati post–moderni e diritto dei popoli*, Turín, 2004.

[98] Para un comentario ágil sobre las "cinco fracturas" señaladas por Robert Dahl, véase AMATO MANGIAMELI, *Stati post–moderni*, cit., passim.

[99] Es cierto que sólo unos pocos Estados, de antigua formación, siguen siendo los protagonistas de la política y la economía internacionales, pero también lo es que, junto a ellos, han aparecido en la escena internacional multitud de nuevos Estados, titulares de los mismos derechos: la era del colonialismo (y de la división del mundo entre pueblos "dominantes" y "dominados"), al menos en el plano formal, ha sido superada, con la afirmación del principio de autodeterminación de

— *la revolución informática y de las comunicaciones*: la globalización recibió un fuerte impulso de la revolución de la información y la comunicación, que se afianzó en Estados Unidos ya en 1980. Es este carácter peculiar el que ha hecho que la globalización contemporánea vaya más lejos, más deprisa y a costes más bajos que la de finales del siglo XIX[100]. Gracias a las nuevas tecnologías, las barreras temporales han caído y es posible la comunicación en tiempo real. Todo (no sólo las personas, sino también los jefes, las ideas, los bienes y las mercancías, tanto tangibles como intangibles) está en condiciones de moverse inmediatamente (o, en todo caso, rápido) a través de las fronteras y por encima de ellas;

— *la globalización de los fenómenos económicos y financieros*: la protagonista del nuevo mundo globalizado es la empresa multinacional, que sabe explotar las ventajas presentes en cada país[101]: producir allí donde los costes son menores, ya que la mano de

---

los pueblos y del principio de igualdad entre las distintas comunidades que componen la sociedad internacional.

[100] SCANNI, *Ordine e disordini nel XXI secolo*, Milán, 2008.

[101] A partir de la segunda mitad de los años 80, las multinacionales muestran una tendencia a concentrar su actividad en uno o unos pocos sectores (*core business*), en los que alcanzan dimensiones globales, considerando el mercado mundial como el lugar natural para su expansión. La empresa debe estar dispuesta a deslocalizarse, manteniendo sus competencias básicas en la empresa matriz, para ser competitiva en los mercados de los países ricos (especialmente Estados Unidos, Europa y Japón).

obra es más barata, las materias primas más accesibles o los impuestos más bajos. Esto tiene otra consecuencia: los operadores individuales o los grupos económicos pueden buscar un refugio cómodo en ciertos países del mundo donde la ley (incluida la ley penal) ofrece menos resistencia;

— *delincuencia transnacional*: debido a las asimetrías normativas[102] que favorecen el desplazamiento de la actividad delictiva a lugares donde el delito es menos arriesgado, los delitos transnacionales típicos suelen producirse como delitos deslocalizados, es decir, sin una «localización geográfica precisa»[103]. Es el caso, por ejemplo, del ámbito fiscal de ciertos Estados, comúnmente denominados "paraísos fiscales", donde un impenetrable secreto bancario y una normativa cómoda pueden favorecer la localización de empresas y actividades económicas, así como la gestión de

---

[102] Durante una conferencia organizada por el Consejo de Europa sobre la lucha contra la delincuencia económica y financiera, en una entrevista realizada el 20 de septiembre de 2005, el magistrado Renaud Van Ruymbeke expresó su profunda preocupación por la presencia de leyes nacionales que podrían obstaculizar la actuación de las autoridades policiales en un sector tan sensible (la nota informativa está disponible en www.coe.int).

[103] La expresión figuraba en el tercer considerando del Acuerdo por el que se establece el Tribunal de Nuremberg (Acuerdo entre el Gobierno del Reino Unido de Gran Bretaña e Irlanda del Norte, el Gobierno de los Estados Unidos de América, el Gobierno Provisional de la República Francesa y el Gobierno de la Unión de Repúblicas Socialistas Soviéticas para el enjuiciamiento y castigo de los principales criminales de guerra de las potencias europeas del Eje, firmado en Londres el 8 de agosto de 1945).

activos y servicios financieros, incluso de origen ilegal. Pensemos también en la lucha contra la delincuencia internacional[104]: el avance de la amenaza terrorista, en una perspectiva global, ha obligado progresivamente a la comunidad internacional a reconocer la necesidad de que los Estados actúen conjuntamente para combatirla y a establecer una cooperación internacional eficaz en la materia;

— *contaminación ambiental, emergencia pandémica e inteligencia artificial:* además de la delincuencia, otros problemas importantes de la sociedad contemporánea trascienden los estrechos límites de los Estados individuales para afectar a comunidades de territorios pertenecientes a varios países: pensemos, por ejemplo, en la protección del medioambiente frente a la contaminación; pero también en la lucha contra la pandemia del Covid-19 y en los retos y problemas que hay que abordar para garantizar que la IA se utilice de forma responsable y ética[105].

---

[104] El derecho penal moderno ya no puede seguir funcionando con instrumentos territorialmente limitados: la elusión de estos instrumentos es ahora fácil y la comunidad internacional sigue sin disponer de medios para intervenir en aquellas legislaciones nacionales que, por las razones más diversas, siguen ofreciendo cierta impunidad penal. Desde este punto de vista, por tanto, una perspectiva válida podría ser no tanto la de adaptar el Derecho penal nacional al Derecho penal de los demás países de la Unión Europea, sino más bien la de *globalizar* el Derecho penal: es decir, encontrar instrumentos para transformar el Derecho penal de un derecho coincidente con la soberanía nacional de los Estados individuales en un derecho perteneciente a la propia comunidad internacional.

[105] En este sentido, fue oportuno el discurso directo del papa León XIV a los políticos y gobernantes que viajaron a Roma desde

5.2. Las repercusiones de la globalización en el mundo del Derecho

El fenómeno de la globalización no sólo afecta a la sociedad civil, sino también al mundo del Derecho, que es una expresión de la sociedad civil.

---

68 países de todo el mundo el 21 de junio de 2025 para participar en el Jubileo.

«El grado de civilización alcanzado en nuestro mundo, y los objetivos a los que estáis llamados a responder, encuentran hoy un gran desafío en la inteligencia artificial —comenzó diciendo el Papa—. Se trata de un desarrollo que ciertamente será de gran ayuda para la sociedad, siempre que, sin embargo, su uso no lleve a menoscabar la identidad y la dignidad de la persona humana y sus libertades fundamentales. En particular, no hay que olvidar que la inteligencia artificial tiene su función en ser un instrumento para el bien del ser humano, no para disminuirlo o incluso para definir su derrota».

«Lo que está surgiendo —explicó el papa León XIV— es un desafío considerable, que requiere mucha atención y una mirada clarividente hacia el futuro, para diseñar, incluso en el contexto de nuevos escenarios, estilos de vida sanos, justos y seguros, especialmente en beneficio de las generaciones más jóvenes. La vida personal vale mucho más que un algoritmo y las relaciones sociales requieren espacios humanos muy superiores a los limitados esquemas que cualquier máquina sin alma pueda preempaquetar (…). No olvidemos —dijo el papa, para concluir— que, aunque sea capaz de almacenar millones de datos y ofrecer respuestas a tantas preguntas en pocos segundos, la inteligencia artificial sigue estando dotada de una memoria estática, en modo alguno comparable a la del hombre y la mujer, que es en cambio creativa, dinámica, generativa, capaz de unir pasado, presente y futuro en una viva y fecunda búsqueda de sentido, con todas las implicaciones éticas y existenciales que de ello se derivan».

Como señaló Francesco Galgano[106], «a la globalización de los mercados corresponde [...] otra forma noble
de globalización [...] que podemos definir como la globalización de los derechos humanos». Y, puesto que el
ejercicio de los derechos proclamados por las distintas
convenciones supranacionales está estrechamente vinculado a los procedimientos adoptados para hacerlos valer
(los derechos de primer grado —vida, libertad de pensamiento, conciencia y religión, libertad de circulación y de
reunión, etc.— no son nada sin un derecho de segundo
grado: el "derecho al derecho", a través del acceso a procesos adecuados) el reconocimiento generalizado de la universalidad de los derechos humanos va acompañado de la
difusión de tribunales supranacionales para proteger estos
derechos (y la consiguiente erosión gradual del concepto
de soberanía de los Estados-nación). «La cuestión es que
los derechos humanos son, por su propia naturaleza, derechos universales, que trascienden las fronteras políticas
de cada Estado y están más allá del poder de disposición
inherente a su soberanía. Son derechos fundados, no derechos creados por los Estados; son derechos del hombre
como tal, no del hombre como ciudadano»[107].

En resumen: el fenómeno de la globalización se extiende de la economía a las estructuras constitucionales,
de los mercados financieros al conjunto de los derechos
fundamentales del individuo, haciendo de este último

---

[106] GALGANO, *Danno non patrimoniale e diritti dell'uomo*, en *Con-
tratto e impresa*, 2009, 4-5, p. 890; y, más concretamente, *Globalizzazione dell'economia e universalità del diritto*, en Pol. Dir., 2009, p. 177.

[107] GALGANO, *Danno non patrimoniale e diritti dell'uomo*, cit., p. 891-892.

una moneda única ideal, con valor jurídico en la mayoría de las jurisdicciones.

Es necesario añadir que la globalización tenía una filosofía subyacente: que el desarrollo del comercio fomentaría la distensión internacional y la cooperación entre los pueblos. Se suponía que la era de la globalización, tal y como se concibió en los primeros años del tercer milenio, se caracterizaría por un comercio cada vez más libre a escala planetaria, por unas relaciones entre Estados nación basadas en normas acordadas y por el papel de garantía desempeñado por las organizaciones internacionales.

Esta filosofía, sin embargo, sufrió un duro golpe como consecuencia de la guerra ruso-ucraniana (y la consiguiente escasez de gas ruso y trigo ucraniano). Se comprendió que el comercio no basta para fomentar las relaciones internacionales. Por el contrario, pensando en el futuro abastecimiento energético, se vio la necesidad de volver a la producción dentro de las fronteras nacionales, revisar la lista de fuentes alternativas y, puesto que era necesario recurrir a otros países, diversificar los proveedores.

5.3. Síntomas de una crisis profunda

Actualmente, la globalización atraviesa una profunda crisis, de la que quedan huellas:

— como consecuencia de la caída de las fronteras y la difusión de la red, parece afianzarse la idea de un nuevo hombre global que, olvidando el pasado, se proyecta hacia el futuro;

— Asia se ha convertido de repente en la fábrica del mundo, y la contaminación ha alcanzado un nivel sin precedentes;

— el colapso demográfico de Occidente (y con él la conversión del sexo humano de la responsabilidad al placer, la mutación de la familia tradicional y el individualismo);

— el vaciamiento de la democracia con el auge de las finanzas;

— el modesto papel de los gobernantes de Occidente, muy alejado del perfil de los estadistas de principios de la posguerra;

— una pandemia que no sólo ha tenido efectos sanitarios, sino que ha sembrado la incertidumbre, el miedo y la alienación entre los pueblos;

— una guerra bárbara librada sin las reglas de la guerra.

Occidente (en general, todo el mundo) debe volver a comprender que la vida ya no puede estar marcada por derechos sin deberes, dominada por el mercado y limitada a la dimensión del tiempo instantáneo, sino que debe extenderse de nuevo al mundo de los valores.

II.
LOS DERECHOS DE LA PERSONA EN EL PENSAMIENTO SOCIALCRISTIANO

EL PARTICULAR TRASFONDO INDIVIDUALISTA en el que nació la teoría de los derechos subjetivos[1] explica la posición de cerrazón adoptada inicialmente por el Magisterio de la Iglesia católica[2].

---

[1] La categoría de derecho subjetivo es ajena a las culturas de las que procede la tradición jurídica europea occidental (es decir, la cultura judía, así como la griega y la latina), del mismo modo que es ajena a otras tradiciones jurídicas (como la china, la india y la islámica). Sólo se puede empezar a hablar de la elaboración de una categoría de derechos subjetivos a partir del siglo XVIII, cuando, en el contexto cultural europeo de la época, la concepción realista del derecho (la de Aristóteles, los juristas romanos y Tomás de Aquino, para entendernos) fue progresivamente sustituida por una concepción subjetivista e individualista, basada en la idea del poder del individuo.

[2] Para una reconstrucción histórica de la accidentada relación entre el pensamiento social cristiano y la teoría de los derechos humanos, véase CONCETTI (ed.), *I diritti umani. Dottrina e prassi*, Roma, 1982, especialmente la primera sección (I diritti umani nella Rivelazione e nel

1. La posición inicial cerrada por parte del Magisterio de la Iglesia católica

El Magisterio no aceptó la Declaración de los Derechos del Hombre y del Ciudadano, proclamada por la Asamblea Nacional Francesa el 26 de agosto de 1789; y posteriormente, durante cerca de un siglo, mantuvo una posición cerrada con respecto a los derechos fundamentales.

La perplejidad del Magisterio, sobre todo en el siglo XIX (Pío VI, Gregorio XVI y Pío IX), se debió a que estos derechos se proponían y afirmaban en contra de la libertad de la Iglesia, en una perspectiva inspirada en el liberalismo y el laicismo.

El individualismo imperante hizo que la afirmación de los derechos humanos se convirtiera en una afirmación de los derechos del individuo y no de la persona, es decir, del ser humano despojado de la dimensión social y desprovisto de trascendencia.

Tal es la imagen del hombre como medida de todas las cosas, creador absoluto de la ley moral, relegado a un destino de pura inmanencia.

2. La posterior apertura y el argumento dignatario

Signos de apertura[3] se produjeron durante el pontificado de León XIII (1879-1903), que comenzó pocos años

---

Magistero), y, dentro de ella, los ensayos de COMPOSTA, *I diritti umani dal medioevo all'età moderna*, pp. 165-198, y de BIFFI, *I diritti umani da Leone XIII a Giovanni Paolo II*, pp. 199-243.

[3] Fuertemente crítico con la apertura contemporánea del Magisterio católico a esos frutos de la modernidad que son los derechos humanos

después de la proclamación de la Unificación de Italia (1870).

León XIII, aunque desaprobaba los derechos definidos históricamente por la Revolución Francesa, encontró un nuevo espacio de reflexión a partir del concepto de derecho natural; y, en particular, con la *Rerum novarum* (15 de mayo de 1891), afirmó la existencia de ciertos derechos que el Estado debía proteger y promover.

Un primer punto de inflexión se produjo con el pontificado del papa Pacelli. Fue Pío XII, de hecho, quien en su radiomensaje de Navidad de 1942, hablando de la dignidad original del hombre, llegó a hacer una lista de "derechos humanos fundamentales" (n.º 21) para inspirar la

---

es PERA, *Derechos humanos y cristianismo. La Chiesa alla prova della modernità*, Venecia, 2015, según el cual, la Iglesia, «habiendo perdido la batalla en el plano de la historia, pensó que podría volver a ganarla en el plano de la doctrina» (p. 142). Concluye argumentando que «por noble, apreciable, meritoria que pueda juzgarse, la doctrina de los derechos humanos pertenece más a la historia temporal de la secularización que a la historia escatológica de la salvación. Por último, al abrazar la doctrina de los derechos humanos en nombre del diálogo con la modernidad y sus institutos, apartándose de la deriva que ha tomado, la Iglesia puede pensar ahora en hacerse humanitaria y democrática, abierta y acogedora, tolerante y conciliadora, paternal y mansa. Muchos de sus adversarios ya la alaban por ello. Pero ¿es esto para lo que existe la Iglesia?» (p. 148).

Sobre el delicado tema véase también, con orientaciones diferentes: MENOZZI, *Chiesa e diritti umani. Legge naturale e modernità politica dalla Rivoluzione francese ai nostri giorni*, Bolonia, 2012; CASCAVILLA, *I diritti dell'uomo nella Dottrina sociale della Chiesa*, en ID., *Diritti, persona, società*, Brescia, 2015, pp. 97 ss; PUPPINCK, *La famiglia, i diritti umani e la vita eterna. Per comprendere la trasformazione dei diritti umani e la possibile risposta della Chiesa*, Padua, 2018.

reconstrucción de posguerra. Esta actitud influyó mucho en la nueva temporada cultural que llevó a la Asamblea de las Naciones Unidas en 1948 a emitir la solemne Declaración Universal de los Derechos Humanos.

El papa Juan XXIII (1958-1963), con la encíclica *Pacem in terris* (11 de abril de 1963), aunque confirmaba las reservas sobre el fundamento dado a los derechos humanos en el documento francés, consideraba la Declaración Universal de los Derechos Fundamentales como un «paso importante en el camino hacia la organización jurídico-política de la comunidad mundial», ya que reconocía «en la forma más solemne la dignidad de persona a todos los seres humanos» (n. 75); y proclamó la siguiente declaración de principios:

> En una convivencia ordenada y fecunda, se debe poner como fundamento el principio de que todo ser humano es persona, es decir, una naturaleza dotada de inteligencia y de libre albedrío; y, por tanto, es sujeto de derechos y deberes que se derivan inmediatamente de su misma naturaleza: derechos y deberes que son, por tanto, universales, inviolables, inalienables.

El Concilio Vaticano II retomó y profundizó el magisterio de Juan XXIII sobre los derechos de la persona humana: de la Constitución pastoral *Gaudium et Spes*[4] y de

---

[4] Leemos en *Gaudium et spes* (n.25): «El principio, sujeto y fin de todas las instituciones sociales es y debe ser la persona humana, en cuanto que por su naturaleza necesita absolutamente de la vida social. Puesto que, por tanto, la vida social no es algo externo al hombre, este crece en todos sus dones y puede responder a su vocación mediante la relación con los demás, los deberes mutuos y el diálogo con los hermanos».

la Declaración *Dignitatis Humanae* sobre la libertad religiosa se desprende que, en el pensamiento cristiano, la afirmación de la existencia de los derechos fundamentales debe entenderse como la expresión más significativa de la dignidad humana[5].

La encíclica *Populorum progressio* (1967) de Pablo VI se sitúa también en este contexto[6].

Más recientemente, en materia de derechos de la persona, el Magisterio conciliar se ha enriquecido con las aportaciones de Juan Pablo II[7], en particular en defensa

---

[5] COTTA, *Il diritto nell'esistenza*, cit., p. 68: observa que la palabra dignidad es «muy vaga y a menudo demasiado confiada a resonancias emotivas»; y que, para ser precisos, «lo que confiere dignidad al hombre es lo que lo subordina a los entes naturalistas: la capacidad reflexiva de comprenderse a sí mismo en la trascendencia de la propia onticidad fáctica».

[6] PABLO VI, *Populorum progressio*: «El desarrollo no se reduce al mero crecimiento económico. Para que sea auténtico desarrollo, debe ser integral, es decir, orientado a la promoción de cada hombre y de todo el hombre»; «Si la búsqueda del desarrollo requiere un número cada vez mayor de técnicos, requiere aún más hombres de pensamiento capaces de una reflexión profunda, dedicados a la búsqueda de un nuevo humanismo, que permita al hombre moderno redescubrirse a sí mismo, asumiendo los valores superiores del amor, de la amistad, de la oración y de la contemplación. De este modo, el verdadero desarrollo, que es el paso, para todos y cada uno, de condiciones menos humanas a condiciones más humanas, podrá realizarse plenamente».

[7] JUAN PABLO II en *Centesimus annus* establece en el n.º 47 la siguiente lista de derechos humanos: «El derecho a la vida, del que forma parte integrante el derecho a crecer bajo el seno de la madre después de nacer; el derecho a vivir en una familia unida y en un ambiente moral, favorable al desarrollo de la propia personalidad; el derecho a madurar la propia inteligencia y la libertad en la búsqueda y el conocimiento de la verdad; el derecho a participar en el trabajo para aprovechar los bienes de la tierra y obtener de ella el propio sustento y el de los

de la vida humana. En su discurso ante la Asamblea General de las Naciones Unidas (1979), refiriéndose a los derechos afirmados en la Declaración Universal, dijo:

> El conjunto de los derechos humanos corresponde a la sustancia de la dignidad del ser humano, entendida integralmente y no reducida a una sola dimensión; se refieren a la satisfacción de las necesidades esenciales del hombre, al ejercicio de sus libertades, a sus relaciones con las demás personas; pero se refieren siempre y en todas partes al hombre, a su plena dimensión humana[8].

---

seres queridos; el derecho a fundar libremente una familia y a acoger y educar a los hijos, ejerciendo responsablemente la propia sexualidad. La fuente y síntesis de estos derechos es, en cierto sentido, la libertad religiosa, entendida como el derecho a vivir en la verdad de la propia fe y en conformidad con la dignidad trascendente de la propia persona».

Hay que subrayar la jerarquía de derechos esbozada por Juan Pablo II. Por un lado, sitúa en primer lugar el derecho a la vida, desde la concepción hasta su desenlace natural (este derecho condiciona el ejercicio de cualquier otro derecho y conlleva la ilicitud de todas las formas de aborto y eutanasia) y, por otro, sitúa la libertad religiosa como fuente y síntesis de todos los derechos. Respecto a esta última, la declaración conciliar *Dignitatis humanae* afirma: «Todos los hombres deben permanecer inmunes de coacción por parte de individuos, grupos sociales o cualquier autoridad humana, de modo que en materia religiosa, dentro de ciertos límites, nadie sea obligado a actuar contra su conciencia, ni impedido de actuar según su conciencia, en privado o en público, solo o asociado con otros».

Y Juan Pablo II, en continuidad con la enseñanza del Concilio, afirmó en *Redemptor hominis* que el respeto de este derecho es la marca del auténtico progreso humano en cualquier régimen, sociedad, sistema o ambiente.

[8] Cuando en marzo de 1995 se publicó la encíclica *Evangelium vitae* de Juan Pablo II (sobre el valor y la inviolabilidad de la vida humana),

Puede ser útil considerar que, en el magisterio de Juan Pablo II, el gran relieve concedido a la cuestión de los derechos humanos no fue sólo fruto de la reflexión, sino también consecuencia de la experiencia práctica: «Contra la pretensión totalitaria del Estado marxista y de la

---

no faltaron en Italia quienes propusieron denunciar unilateralmente el Concordato, partiendo del supuesto de que el Pontífice había invadido ilegítimamente la esfera de competencias "temporales" y había hecho involuntariamente un llamamiento a la objeción de conciencia (es decir, a la desobediencia civil).

La propuesta se debe a que la Encíclica subraya la doctrina tradicional según la cual el derecho positivo, cuando legitima intervenciones contrarias a la vida, deja de ser moralmente vinculante; es más: «deja, por esto mismo, de ser una verdadera ley civil» (n. 72). Más concretamente, el documento pontificio afirma que «el aborto y la eutanasia son... crímenes que ninguna ley humana puede pretender legitimar» y añade que «leyes de este tipo no sólo no crean ninguna obligación de conciencia, sino que suscitan la grave y precisa obligación de oponerse a ellas mediante la objeción de conciencia» (n. 73).

No es necesario detenerse aquí en la cuestión de si el pronunciamiento papal (que en sí mismo no se dirigía sólo a Italia, sino que tenía alcance universal) violó el orden propio del Estado, como se indica en la *summa divisio* del artículo 7, párrafo primero, de la Constitución. Ciertamente, por lo que se refiere al orden interno de la Iglesia, es un principio fundamental, que debe guiar sus relaciones con la comunidad política, el consagrado en el n. 76 de la Constitución sobre la Iglesia en el mundo contemporáneo, *Gaudium et Spes*, del Concilio Vaticano II, donde leemos: «Siempre y en todas partes es derecho de la Iglesia predicar la fe con verdadera libertad, enseñar su doctrina social, ejercer sin trabas su misión entre los hombres y dar su juicio moral, incluso sobre las cosas que conciernen al orden político, cuando lo exigen los derechos fundamentales de la persona o la salvación de las almas». Y el derecho a la vida, por ser su presupuesto lógico, es sin duda el primero de los derechos fundamentales.

ideología en que se basaba, vio en la idea de los derechos humanos el arma concreta capaz de limitar el carácter totalitario del Estado»[9], ofreciendo así un espacio de libertad necesario no sólo para la fe de los cristianos y los derechos de la Iglesia romana, sino también para el pensamiento de los fieles de otras religiones y para los no creyentes.

Benedicto XVI, en continuidad con el Magisterio de Juan Pablo II, recordó que los derechos humanos están fundados en última instancia en Dios Creador, fuente y garantía de todos los derechos, y enraizados en la ley natural, cuyo reconocimiento constituye «la gran base del diálogo entre creyentes de distintas religiones y entre los creyentes y los propios no creyentes»[10], afirmación que resume eficazmente el papel de la Iglesia romana: no contraria a los derechos fundamentales conformes a la dignidad humana, sino "centinela" contra las «violaciones graves y

---

[9] BENEDICTO XVI, *Elementos para una discusión sobre el libro de Marcello Pera*, en PERA, *Derechos humanos y cristianismo*, Venecia, 2015, donde también leemos: «[...] como Papa, afirmó el reconocimiento de los derechos humanos como una fuerza reconocida por la razón universal en todo el mundo contra las dictaduras de todo tipo. Esta afirmación se refería no sólo a las dictaduras ateas, sino también a los Estados fundados sobre la base de una justificación religiosa, tal como los encontramos especialmente en el mundo islámico. La fusión de política y religión en el Islam, que necesariamente restringe la libertad de otras religiones, y por tanto también la de los cristianos, se contrarresta con la libertad de fe, que en cierta medida también considera el Estado laico como una forma justa de Estado, en la que hay lugar para esa libertad de fe que los cristianos exigieron desde el principio».

[10] BENEDICTO XVI, *La persona humana, corazón de la paz*, Mensaje para la Jornada Mundial de la Paz, 1.01.2007, n.3.

sistemáticas de los derechos humanos»[11]. En 2008, año en que se celebraba el 60 aniversario de la Declaración Universal, Benedicto XVI, dirigiéndose al cuerpo diplomático, afirmó textualmente[12]:

---

[11] Benedicto XVI, *Ángelus*, 7.12.2008. Es un hecho doloroso que los derechos humanos fundamentales (comenzando por el derecho a la vida) se violen a menudo hoy de manera tan dramática como hace 60 años; y que a millones de ciudadanos de todo el mundo se les niegue el respeto, la libertad, el desarrollo, la posibilidad de expresar sus opiniones, de practicar libremente la religión y de disfrutar de un nivel de vida que garantice la ausencia de hambre y sed. También es aguda la incapacidad para contrarrestar el creciente fenómeno de la trata de seres humanos, especialmente de niñas. La insalubridad del medio ambiente, el cambio climático, las desigualdades locales y globales y la incapacidad de mostrar una verdadera solidaridad con las regiones más débiles siguen envenenando el mundo contemporáneo, que es incapaz de perseguir un auténtico desarrollo integral tanto de la persona individual como de la familia humana o del planeta. El propio camino hacia la seguridad y la paz globales corre el riesgo de dar más pasos hacia atrás que hacia delante, en ausencia de un sistema de gobernanza fuerte que conduzca hacia autoridades supranacionales capaces de trabajar por fines globales.

[12] Benedicto XVI, *Discurso al Cuerpo Diplomático*, 7 de enero de 2008. La frase confirma que la Declaración Universal es un documento definitorio del derecho internacional y marca un hito en el camino de la humanidad hacia el respeto de los derechos de todo ser humano. Desde 1948, la Declaración, junto con otros instrumentos jurídicos, ha desempeñado un valioso papel en la introducción de nuevas normas y comportamientos en las relaciones nacionales e internacionales. Ha ayudado a millones de personas en su búsqueda del respeto a la dignidad humana, en su camino hacia mejores sistemas políticos y hacia el objetivo de alejar la convivencia de la amenaza de la violencia y la injusticia. Ha contribuido a establecer una cultura de los derechos humanos, que es hoy una dimensión esencial del debate ético, social y político en la mayor parte del planeta.

Con razón, nuestra sociedad ha consagrado la grandeza y la dignidad de la persona humana en diversas declaraciones de derechos, formuladas a partir de la Declaración Universal de los Derechos Humanos, adoptada hace justo sesenta años. Este acto solemne fue, en palabras del Papa Pablo VI, «uno de los mayores títulos de gloria de las Naciones Unidas».

Ese mismo año, en su discurso ante la Asamblea General de las Naciones Unidas en Nueva York, Benedicto XVI subrayó que «los derechos humanos se presentan cada vez más como el lenguaje común y el sustrato ético de las relaciones internacionales» y, por tanto, «la promoción de los derechos humanos sigue siendo la estrategia más eficaz para la eliminación de las desigualdades entre países y grupos sociales, así como para el aumento de la seguridad».

Llegando a nuestros días, los Tribunales Supremos de todos los países del mundo tratan a diario cuestiones relacionadas con los derechos fundamentales, en los que se fundamentan las sociedades democráticas surgidas tras las trágicas experiencias de los sistemas totalitarios, y con aspectos éticamente sensibles, que hacen referencia a la concepción de la dignidad humana (que estas sociedades democráticas pretenden abrazar).

Por eso, no sorprende la insistencia con la que el papa Francisco volvía sobre el tema: desde el discurso que pronunció el 25 de noviembre de 2014 ante el Consejo de Europa[13] a las palabras que pronunció el 29

---

[13] En esta ocasión, el Pontífice volvió sobre la «centralidad de la persona humana» y la necesidad de «un humanismo centrado en el

de noviembre de 2019 ante los miembros del Centro di Studi Rosario Livatino[14], hasta la Encíclica *Fratelli tutti* (del 3 de octubre de 2020), en la que dedicó uno de los primeros párrafos (precisamente, el par. 22) al tema de los "derechos humanos no suficientemente universales", deteniéndose en:

---

respeto de la dignidad humana». Y, recordando el proyecto político de los Padres fundadores de la Unión Europea, precisó que «en el corazón de este ambicioso proyecto político, estaba la confianza en el hombre, no tanto como ciudadano, ni como sujeto económico, sino en el hombre como persona dotada de una dignidad trascendente»; para concluir afirmando: «Ha llegado el momento de construir juntos la Europa que no gira en torno a la economía, sino en torno al carácter sagrado de la persona humana, de los valores inalienables; la Europa que abraza con valentía su pasado y mira con confianza al futuro para vivir plenamente y con esperanza su presente. Ha llegado el momento de abandonar la idea de una Europa atemorizada y replegada sobre sí misma, para inspirar y promover la Europa protagonista, portadora de ciencia, arte, música, valores humanos e incluso fe. La Europa que contempla el cielo y persigue ideales; la Europa que mira hacia arriba y defiende y protege a la humanidad; la Europa que camina por la tierra segura y firme, punto de referencia precioso para toda la humanidad».

[14] En aquella ocasión, el Pontífice, hablando del magistrado Rosario Livatino, asesinado a la edad de 38 años cuando se dirigía a su trabajo en el tribunal, observó que su «actualidad es sorprendente, porque capta los signos de lo que emergería con mayor claridad en las décadas siguientes, no sólo en Italia, es decir, la justificación de la intromisión del juez en ámbitos que no le son propios, especialmente en los de los llamados "nuevos derechos", con sentencias que parecen preocupadas por satisfacer nuevos deseos, desvinculados de cualquier límite objetivo».

— las «visiones antropológicas reductivas» y el «modelo económico basado en el beneficio», que todavía hoy impiden que los derechos humanos sean verdaderamente iguales para todos;
— la igual dignidad del hombre y de la mujer, que no siempre se refleja en la «organización de las sociedades»; y
— las modernas formas de esclavitud, que afectan a «niños, hombres y mujeres de todas las edades».

Y el papa León XIV, además de subrayar la ineludible referencia a la ley natural[15], desde el inicio de su pontificado se ha posicionado con firmeza en defensa

---

[15] Así lo explicaba el papa León XIV con ocasión del Jubileo de los Políticos y de los Gobernantes (21 de junio de 2025): «Una referencia indispensable es la ley natural, no escrita por manos humanas, sino reconocida como válida universalmente y en todos los tiempos, que encuentra su forma más plausible y convincente en la naturaleza misma» porque, como escribió Cicerón, a quien citaba, «la ley natural es la recta razón, conforme a la naturaleza, universal, constante y eterna, que por sus mandatos invita al deber, y por sus prohibiciones disuade del mal. (...) No es lícito alterar esta ley, ni es posible quitarle parte alguna, ni es posible abolirla del todo; ni podemos librarnos de ella por medio del senado o del pueblo, ni es necesario buscar su decretador o intérprete. Y no habrá una ley en Roma, otra en Atenas, otra ahora y otra después; sino que una ley eterna e inmutable regirá a todos los pueblos en todas las épocas». En extrema síntesis, según el papa León XIV, «la ley natural, universalmente válida más allá y por encima de otras convicciones de carácter más discutible, constituye la brújula por la que orientarse a la hora de legislar y actuar, particularmente sobre delicadas cuestiones éticas que hoy se plantean de manera mucho más contundente que en el pasado, tocando al ámbito de la intimidad personal».

de los derechos humanos, hoy tan claramente conculcados en las guerras que actualmente tiñen de sangre Europa y Oriente Medio. «La Declaración Universal de los Derechos Humanos, aprobada y proclamada por las Naciones Unidas el 10 de diciembre de 1948, pertenece ya al patrimonio cultural de la humanidad», ha recordado en su discurso en el Jubileo de Políticos y Gobernantes (21 de junio de 2025). «Es un texto siempre actual —añade— que puede contribuir en no poca medida a situar a la persona humana, en su integridad inviolable, en el fundamento de la búsqueda de la verdad, para devolver la dignidad a quienes no se sienten respetados en lo más íntimo de su ser y en las exigencias de su conciencia».

3. LA PERSPECTIVA ANTROPOLÓGICA CRISTIANA

La perspectiva antropológica cristiana excluye que se pueda considerar a la persona en su individualidad absoluta y solitaria[16], construida por sí misma y sólo sobre sí misma, una

---

[16] Me complace recordar aquí el poema «Ningún hombre es una isla», tomado de un verso de la Meditación lírica XVII (*Devotions Upon Emergent Occasions*), compuesta en 1964 por el poeta inglés John DONNE sobre el tema de la solidaridad y la importancia de no dejar solo a nadie ante las dificultades: «Ningún hombre es una isla completa en sí misma. Cada hombre es un trozo del continente, una parte de la tierra: si el mar roba una porción de la tierra, toda Europa se encogerá como si fuera un promontorio o la casa de uno de tus hijos o la tuya propia. Por tanto, no me preguntes por quién doblan las campanas: doblan por ti».

El poeta, recurriendo a una metáfora de gran fuerza representativa, la de la isla en medio del mar, incita al lector a redescubrir el

entidad anómica indiferente a los demás. Del mismo modo, excluye que se pueda definir a la persona como un elemento de un engranaje o como una célula de un organismo cuya función vendría dada por el fin que, respectivamente, persigue la máquina o el organismo. Según el pensamiento socialcristiano, el individualismo tiende a promover la anomia, mientras que el funcionalismo y el organicismo se resuelven en el corporativismo; por tanto, ninguna de estas soluciones al problema del orden social parece suficientemente sólida para contrarrestar la deriva totalitaria.

Sobre el tema de los derechos de la persona humana, el pensamiento social cristiano saca a la luz un planteamiento original basado en la noción de dignidad de la persona humana: creada a imagen de Dios, Padre y Creador; incluida en las relaciones con los demás; en interacción con los bienes del universo. Por tanto, la tradición de los derechos, que inspira el pensamiento socialcristiano, no es la tradición libertaria-individualista, ni siquiera la colectivista, sino la tradición dignitaria[17].

---

valor de la empatía, incluso cuando nos sentimos completamente solos en el mar de la vida. Hemos de sentirnos parte del todo, ser solidarios, sentir el dolor ajeno como parte de nuestro propio sufrimiento. Como es bien sabido, el verso final «Por quién doblan las campanas» del poema de Donne fue retomado por Ernest HEMINGWAY en su novela homónima de 1940.

[17] Cf. *Compendio de la Doctrina Social de la Iglesia*, Ciudad del Vaticano, 2004, n. 153: «La raíz de los derechos humanos, en efecto, se encuentra en la dignidad que pertenece a todo ser humano. Esta dignidad, innata a la vida humana e igual en toda persona, es captada y comprendida sobre todo por la razón. El fundamento natural de los derechos aparece aún más sólido si, a la luz sobrenatural, se considera que la dignidad humana, después de haber sido dada

La fuente última de los derechos humanos no se encuentra en la mera voluntad del hombre, ni siquiera en la realidad del Estado y de los poderes públicos, sino en la naturaleza misma del hombre[18]. Y hablar de naturaleza es reconocer la existencia de un orden natural, que debe ser examinado para descubrir sus leyes. Derechos y deberes, por tanto, no pueden separarse[19]: abrigar el pleno reconocimiento de los

---

por Dios y de haber sido profundamente herida por el pecado, fue asumida y redimida por Jesucristo mediante su encarnación, muerte y resurrección».

[18] Según el *Compendio de la Doctrina Social de la Iglesia*, la naturaleza del hombre se manifiesta como la naturaleza de un ser que responde a sus propias necesidades a partir de una subjetividad relacional, es decir, como un ser libre y responsable, que reconoce la necesidad de integrarse y colaborar con sus semejantes, siendo capaz de comunión con ellos en el orden del conocimiento y del amor.

[19] JUAN XXIII en *Pacem in Terris* (1963) postuló un vínculo inseparable entre derechos y deberes (cf. n. 55): «En la convivencia humana, todo derecho natural de una persona comporta un deber correspondiente en todas las demás personas: el deber de reconocer y respetar ese derecho»; y subrayaba lo contradictoria que sería una noción de derecho que no previera una responsabilidad correlativa: «Quienes, por tanto, al reivindicar sus derechos, olvidan o no dan la debida importancia a sus respectivos deberes, corren el peligro de construir con una mano y destruir con la otra».

En tiempos más recientes, JUAN PABLO II en la *Centesimus annus* (1991), extendiendo a los pueblos y a las naciones lo que decía para los hombres, afirmó que (cf. n. 8): «El derecho internacional es un medio privilegiado para construir un mundo más humano y más pacífico. Es el que permite proteger a los débiles contra la arbitrariedad de los fuertes. El progreso de la civilización humana se mide a menudo por el progreso del derecho, gracias al cual puede realizarse la libre asociación de las grandes potencias y de otras en la empresa común que es la cooperación entre las naciones».

derechos de la persona humana significa exigir respeto a quienes tienen el deber de trabajar para que ese reconocimiento sea efectivo. Y los derechos no pueden extenderse más allá de lo que revela el orden natural de las cosas.

4. El personalismo solidario

El magisterio social de los papas más recientes ha reconocido en el personalismo solidario la vía principal para superar, en nombre del bien común, algunas profundas divisiones ideológicas.

Pretendo referirme aquí a los que comúnmente se consideran los tres principales documentos sociales de los últimos cincuenta años:

— la Encíclica *Populorum progressio* (1967) de Pablo VI[20];

---

[20] Son conocidas las frases de la encíclica de Pablo VI: «Cuando poblaciones enteras, privadas de lo necesario, viven en un estado de dependencia que les impide toda iniciativa y responsabilidad, e incluso toda posibilidad de promoción cultural y de participación en la vida social y política, grande es la tentación de rechazar con violencia tales ofensas a la dignidad humana» (n.º 30); la «ira de los pobres» (n.º 49) y «el desarrollo es el nuevo nombre de la paz» (n.º 87).

Incluso hoy, junto a los pocos que viven en la abundancia, hay muchos que luchan por sobrevivir. El llamamiento de Pablo VI a una acción común para el desarrollo integral sigue siendo actual: «El desarrollo no se reduce al mero crecimiento económico. Para ser auténtico desarrollo, debe ser integral, es decir, orientado a la promoción de cada hombre y de todo el hombre» (n. 14); «Sin duda el hombre puede organizar la Tierra sin Dios, pero sin Dios al final sólo puede organizarla contra el hombre. El humanismo excluyente es un humanismo inhumano» (n. 42).

— la Encíclica *Sollicitudo rei socialis* (1987) de Juan
Pablo II[21] y

---

[21] Después de veinte años, JUAN PABLO II renovaba el llamamiento de su predecesor, añadiendo algunas consideraciones: por una parte, constataba que el contexto social había empeorado aún más, pues a los indicadores económicos y sociales había que añadir indicadores culturales más preocupantes. Por otra parte, constataba con esperanza la emergencia de una «plena conciencia, en un gran número de hombres y mujeres, de su propia dignidad y de la dignidad de todo ser humano», que se expresaba «en la más viva preocupación, en todas partes, por el respeto de los derechos humanos y en el más resuelto rechazo de sus violaciones» y observaba cómo, «en un mundo dividido y sacudido por toda clase de conflictos, se abre paso la convicción de una interdependencia radical y, en consecuencia, la necesidad de una solidaridad que la asuma y traduzca en el plano moral. [...] El bien al que todos estamos llamados y la felicidad a la que aspiramos no pueden alcanzarse sin el esfuerzo y el compromiso de todos, sin excluir a nadie, y con la consiguiente renuncia al propio egoísmo» (n. 26).

Bajo este último perfil, JUAN PABLO II insistió en el compromiso de superar el individualismo imperante, pasando de una concepción de la persona entendida como individuo, a la concepción de la persona entendida en sentido integral y solidario: «La obligación de comprometerse en el desarrollo de los pueblos no es sólo un deber individual, y mucho menos individualista» (n. 32); en su concepción antropológica, la solidaridad «no es un sentimiento de vaga compasión o de superficial simpatía por los males de tantas personas, cercanas o lejanas. Por el contrario, es la determinación firme y perseverante de comprometerse por el bien común: es decir, por el bien de todos y de cada uno, porque todos somos verdaderamente responsables de todos» (n. 38). Por eso Juan Pablo II identificó la solidaridad como «camino para la paz y, al mismo tiempo, para el desarrollo». En efecto, «la paz del mundo es inconcebible si los responsables no llegan a reconocer que la interdependencia exige [...] la transformación de la desconfianza recíproca en colaboración» (n. 39); pero —explicó JUAN PABLO II—, «el ejercicio de

— la Encíclica *Caritas in veritate* (2009)[22] de Benedicto XVI[23].

___

la solidaridad dentro de cada sociedad es válido cuando sus miembros se reconocen mutuamente como personas» (n. 39).

[22] Entre la introducción y las conclusiones, la encíclica se divide en seis capítulos: el primero está dedicado al Mensaje de la *Populorum progressio* de Pablo VI; el segundo, al tema del desarrollo humano en nuestro tiempo; el tercero, a la fraternidad, el desarrollo económico y la sociedad civil; el cuarto, al desarrollo de los pueblos, los derechos y deberes, y el medio ambiente; el quinto, a la colaboración de la familia humana (y, por tanto, a la solidaridad); el sexto y último capítulo al desarrollo de los pueblos y la tecnología.

En relación con el tema de los derechos fundamentales, cabe destacar el siguiente pasaje: «Quiero recordar a todos, especialmente a los gobernantes empeñados en dar un perfil renovado al orden económico y social del mundo, que el primer capital que hay que salvaguardar y valorizar es el hombre, la persona, *en su integridad* (la cursiva se encuentra en el original): el hombre, en efecto, es el autor, el centro y el fin de toda la vida económica y social» (n. 25).

[23] Algunos de los contenidos de la Encíclica ya habían sido expuestos por Benedicto XVI en el mensaje preparado para la Jornada Mundial de la Paz del 1 de enero de 2007, titulado "La persona humana, corazón de la paz" (en *L'Osservatore Romano*, 13 de diciembre de 2006).

En ese mensaje, BENEDICTO XVI retomaba el discurso social iniciado por sus predecesores, yendo a la raíz del problema: hablaba de una "'gramática' trascendente" inscrita en la conciencia del hombre, es decir, de un «conjunto de reglas de la acción individual y de la relación recíproca de las personas según la justicia y la solidaridad». Se trata —explicó— de reglas no impuestas desde fuera, sino intrínsecas al ser humano; precisamente por ello, son «un gran punto de encuentro y, por tanto, un requisito fundamental para la auténtica paz» (n. 3). Sus palabras suenan como una invitación a eliminar en su origen las causas estructurales de la injusticia y la pobreza: «Por una parte, las desigualdades en el acceso a los bienes esenciales, como la alimentación, el agua, la vivienda, la salud; por otra, las persistentes desigualdades

Se trata de tres documentos distintos, de tres pontífices distintos, publicados en épocas distintas, que sin embargo vuelven a proponer y profundizar la misma tesis, que podría resumirse libremente en dos afirmaciones fundamentales:

a) no hay paz sin desarrollo, pero no hay desarrollo sin diálogo;
b) la paz, el desarrollo y el diálogo (y con ellos los derechos fundamentales de la persona humana) exigen la elaboración de un personalismo solidario.

En otras palabras, según el pensamiento socialcristiano, en el contexto histórico actual (multiétnico, multicultural y multirreligioso), complejo y abigarrado, en el que el respeto de la diversidad es fundamental, el diálogo entre los pueblos y entre las civilizaciones sólo puede realizarse

---

entre hombres y mujeres en el ejercicio de los derechos humanos fundamentales» (n. 6). «Un crecimiento que se limitara al aspecto técnico-económico y descuidara la dimensión moral-religiosa de la existencia —concluyó el papa— no sería un desarrollo humano integral y terminaría, en cuanto unilateral, por incentivar las capacidades destructivas del hombre» (n. 9): «Una visión "débil" de la persona, que deja espacio a cualquier concepción incluso excéntrica, sólo favorece la paz aparentemente. En realidad, impide el diálogo auténtico y abre el camino a la intervención de imposiciones autoritarias, acabando así por dejar indefensa a la propia persona y, en consecuencia, presa fácil de la opresión y la violencia» (n. 11).

En extrema síntesis, para Benedicto XVI y sus predecesores, no puede haber paz sin desarrollo integral. Pero la paz y el desarrollo integral deben fundarse en un renovado pensamiento personalista y solidario que, reconociendo la solidaridad como dimensión intrínseca de la persona, responda a las nuevas exigencias del bien común y acerque a los pueblos.

a partir de una concepción fuerte de la persona humana, que es precisamente la concepción antropológica universalista, personalista y solidaria, que pone a la persona humana en el centro de todo ordenamiento jurídico en su dimensión relacional y trascendente, y que al mismo tiempo abre al individuo a las relaciones con los demás y con Dios[24].

---

[24] En esta perspectiva (parece casi una paradoja decirlo), el mayor obstáculo para la paz, el desarrollo y el diálogo es precisamente una concepción "débil" de la persona, entendida en sentido individualista, que induce al egoísmo; antepone la búsqueda del propio interés al interés común; reduce las relaciones sociales al cumplimiento puramente formal de unas normas; identifica el bienestar y la calidad de la vida humana con el consumismo; excluye a Dios del horizonte del hombre; considera y tolera la religión como un fenómeno privado o de culto, pero carente de relevancia social; niega que existan verdades y normas trascendentes, válidas siempre y para todos. Todo ello no sólo socava de raíz el concepto de persona, sino que pone en peligro la consecución del bien común y el despliegue mismo de la vida de la persona humana en sociedad.

III.
PERSPECTIVAS FUTURAS

DE LO DEBATIDO HASTA ahora se desprenden varias cuestiones sobre las que, en mi opinión, hay que reflexionar.

1. LA VALIDEZ DEL ACTUAL SISTEMA DE PROTECCIÓN DE LA ONU

En el mundo globalizado, la internacionalización y universalización de los derechos humanos han tenido una serie de consecuencias de importancia fundamental.

En primer lugar, los individuos gozan ahora de derechos individuales en virtud de las normas del Derecho internacional y, por tanto, deben ser considerados sujetos de este ámbito del Derecho, superando definitivamente la teoría tradicional, que identificaba a los Estados y a las Organizaciones Internacionales como los únicos sujetos del Derecho internacional.

Además, si la persona humana es reconocida por el Derecho internacional como capaz de hacer valer sus derechos frente a un Estado responsable de su violación, ello supone, por un lado, la erosión de la soberanía de los Estados-nación y, por otro, la configuración del ordenamiento jurídico internacional como tendencialmente superior a los ordenamientos jurídicos nacionales.

Y de nuevo: los derechos humanos se han convertido hoy en un factor importante en la configuración de las relaciones internacionales, contribuyendo en una medida determinante al establecimiento de un orden público internacional. En esta perspectiva, los instrumentos internacionales destinados a garantizar que sean justos adquieren plena relevancia y eficacia.

A pesar de los mencionados efectos beneficiosos de la globalización, persiste el problema de cómo conciliar diferentes ordenamientos jurídicos en un contexto mundial caracterizado por la ausencia de un ordenamiento jurídico unitario, la presencia de disposiciones no vinculantes y los antagonismos entre disposiciones vinculantes. En palabras de Cassese[1] y Rodotà, la sociedad globalizada es una Torre de Babel[2] en la que

---

[1] CASSESE, *I Tribunali di Babele. I giudici alla ricerca di un nuovo ordine globale*, Roma, 2009.

[2] Según la conocida historia bíblica, nuestros antepasados habían desafiado a Dios erigiendo una torre cada vez más alta en Babel (posiblemente Babilonia, en Mesopotamia). Dios había respondido al desafío privándoles de la lengua única que habían hablado hasta entonces. Así, los hombres, incapaces ya de comunicarse, interrumpieron la gran construcción y se dispersaron por toda la Tierra.

Un poema sumerio muy antiguo, anterior incluso a la Biblia, hablaba de la Torre de Babel. Heródoto y escritores de la época romana también hablaron de ella más tarde. El relato bíblico quizá se inspiró en el mayor y más importante zigurat de Babilonia, llamado Etemenanki, una enorme construcción edificada por los babilonios precisamente para ascender al cielo. La construcción del Etemenanki fue una gran hazaña, reconstruida varias veces. Incluso Alejandro Magno, que quedó deslumbrado por la belleza de Babilonia, arrasó el zigurat, que ya debía de estar en ruinas, con la promesa de reconstruirlo, pero no llegó a tiempo, porque murió en Babilonia. Así, durante muchos siglos, los

no está claro quién es el soberano y dónde están los jueces[3].

En la complejidad del sistema jurídico actual, la solución a este problema debe buscarse sobre todo en el plano político y, en particular, en la validez del sistema de protección de derechos afirmado por las Naciones Unidas al final de la Segunda Guerra Mundial.

Intentaré explicarme.

La Declaración Universal de Derechos Humanos está referenciada en prácticamente todas las sucesivas Cartas de Derechos[4]: existe una estrecha y clara interconexión entre el sistema de protección de la ONU y los sistemas internacionales de protección actualmente vigentes (el europeo, el interamericano y el africano).

En la Carta de las Naciones Unidas existe una norma para la resolución de conflictos normativos: se trata del

---

restos del zigurat permanecieron enterrados. Los arqueólogos han encontrado en Babilonia lo que podría ser la base de una torre de 91×91 metros cuadrados, situada en el centro de un área de 500 metros, exactamente como la describieron los antiguos. Hoy sólo quedan algunos ladrillos de arcilla cubiertos de tierra, pero la historia bíblica sigue viva.

[3] Rodotà, *Il diritto di avere diritti*, Bari-Roma, 2012, 3, plantea la cuestión, refiriéndose a Cassese, *I Tribunali di Babele,* op. cit.

[4] Por ejemplo, el Convenio Europeo de Derechos Humanos hace referencia a la Declaración Universal en los párrafos primero, segundo y quinto del Preámbulo. Las acciones de la Unión Europea también se han enraizado siempre en el marco general de la Carta de las Naciones Unidas, la Declaración Universal de Derechos Humanos y los dos Pactos de Derechos Humanos de 1966, que constituyen el paradigma del sistema internacional de protección de los derechos humanos. Baste recordar los artículos 3.5, 21, 34 y 42 del Tratado de la Unión, el Protocolo 10 y las Declaraciones 13 y 14.

artículo 103 según el cual, «en caso de conflicto entre las obligaciones contraídas por los Miembros de las Naciones Unidas en virtud del presente Estatuto y sus obligaciones contraídas en virtud de cualquier otro convenio internacional, prevalecerán las obligaciones impuestas por el presente Estatuto».

Por ello, la vigencia y funcionamiento del primero influye profundamente en la vigencia y funcionamiento de los otros.

En particular, en materia de derechos fundamentales, las disposiciones del Derecho de la Unión Europea y del CEDH deben leerse no sólo en relación con las constituciones nacionales de los distintos países (que son miembros de la Unión o se han adherido al Convenio)[5], sino también con el sistema de las Naciones Unidas[6].

---

[5] A este respecto, basta recordar que la Carta de la Unión Europea (que, según el artículo 6, párrafo primero, del TUE, forma parte integrante de los Tratados), dispone que:
—para los derechos fundamentales reconocidos en ella —ya estén también garantizados por el CEDH o por cualquier otro convenio internacional del que la Unión o todos sus Estados miembros sean parte, o por las constituciones nacionales— está obligada, en cualquier caso, a conferir una protección al menos «igual» a la conferida por los convenios internacionales y las constituciones nacionales (cfr. Art. 53 sobre el nivel de protección; y Art. 52, párrafo tercero, sobre el alcance y la interpretación de los derechos, aunque puede conferir «una protección más amplia»);
—para los derechos fundamentales reconocidos en él —que resultan de las «tradiciones constitucionales comunes a los Estados miembros»— exige que esos derechos sean «interpretados en armonía con dichas tradiciones» (Art. 52, párrafo cuarto)
[6] Son los propios tratados de la Unión Europea los que declaran expresamente que se inscriben en la lógica de «los principios de la Carta

Nadie duda de que la Organización de las Naciones Unidas es la respuesta jurídica y política adecuada al momento histórico, caracterizado por la superación de las distancias y las fronteras mediante la tecnología y, aparentemente, la supresión de cualquier límite natural a la afirmación del poder.

Ya desde los postulados del Preámbulo y los primeros artículos de su Carta Constitucional, queda claro que el fin último de la Organización es la promoción del desarrollo humano[7], que, para ser integral, sólo puede

de las Naciones Unidas y del Derecho internacional», en el marco del principio de «universalidad e indivisibilidad de los derechos humanos», contemplado en el artículo 21 del TUE.

En cuanto al CEDH, exige expresamente, en su artículo 53 (así como en su artículo 17), en materia de derechos fundamentales, la coordinación entre sus disposiciones, las «leyes de cada Parte Contratante» y «cualquier otro acuerdo» en el que pueda participar cada Parte Contratante.

Hasta la fecha, el CEDH nunca se ha pronunciado expresamente sobre la relación entre el CEDH y las obligaciones impuestas por la ONU, pero ha subrayado en repetidas ocasiones (de conformidad con el artículo 31(3)(c) de la Convención de Viena sobre el Derecho de los Tratados de 1969) que, al interpretar el CEDH, debe tenerse en cuenta cualquier norma de derecho internacional que pueda afectar a su aplicación entre las partes.

En definitiva, en el texto de la CADH, aunque no se exprese, parece existir la norma de que la CADH debe interpretarse y aplicarse de conformidad con la Carta de la ONU.

[7] En esta perspectiva, se hace hincapié en el acceso efectivo, práctico e inmediato de todos a los bienes materiales y espirituales indispensables (vivienda adecuada; trabajo decente y debidamente remunerado; alimentación y agua potable suficientes; libertad religiosa y, más en general, libertad de espíritu y de educación, etc.); la protección del medio ambiente; la lucha contra toda exclusión, etc. Pero, en primer lugar, la

incluir la soberanía de la ley y el respeto de los derechos del individuo.

Sin embargo, no faltan las cuestiones críticas.

En particular, dentro de la Organización de las Naciones Unidas, el Consejo de Seguridad es el órgano central (previsto en el art. 7.I de la Carta) que tiene la «responsabilidad primordial de mantener la paz y la seguridad internacionales» (art. 24).

El Consejo se compone actualmente de quince miembros, de los cuales cinco son permanentes con derecho de veto (China, Francia, Gran Bretaña, Rusia[8] y Estados Unidos) y diez no permanentes (elegidos cada dos años por la Asamblea General, no renovables inmediatamente), repartidos entre las agrupaciones geográficas de la ONU (3 escaños para África; 2 para Asia-Pacífico; 2 para los países del Grupo Occidental; 2 para los países de América Latina y el Caribe; 1 para los países de Europa del Este) y todos sin derecho de veto.

La composición actual del Consejo de Seguridad sigue reflejando el equilibrio de poder surgido tras la Segunda Guerra Mundial (como es bien sabido, los cinco

---

salvaguarda de las generaciones futuras del azote de la guerra y el respeto absoluto al derecho a la existencia de la propia naturaleza humana (y con ello el respeto absoluto a la vida en todas sus fases y dimensiones) pasan a primer plano.

[8] El hecho de que la Federación Rusa heredó la sede permanente de la Unión Soviética no se discute en general. Sin embargo, hay que señalar que en la Carta de la ONU figura la Unión de Repúblicas Socialistas Soviéticas como miembro permanente del Consejo de Seguridad, mientras que la actual Federación Rusa no es ni unión, ni soviética, ni socialista.

miembros permanentes con derecho de veto son las potencias que salieron victoriosas de aquella guerra).

Pero resulta completamente anacrónica por dos razones:

En primer lugar, desde 1945, año de nacimiento de la ONU, el número de Estados miembros independientes de la organización ha pasado de 51 a 193. Esto implica la necesidad de garantizar una mayor representatividad de los Estados miembros, de sus órganos y, en particular, del Consejo, como órgano supremo de toma de decisiones.

Además, en los últimos 80 años, el equilibrio mundial ha cambiado profundamente. El «peso» de los llamados países del Sur Global ha crecido no sólo demográficamente, sino también económicamente: baste pensar en aquellos países (como India, Brasil o Nigeria) que antes figuraban en la lista de países «en vías de desarrollo» y que hoy han alcanzado un nivel comparable al de los países más industrializados. Por otra parte, incluso dentro de estos últimos países, algunos (como Gran Bretaña y Francia) han perdido poder económico y/o influencia política; mientras que otros (como Alemania y Japón) son hoy mucho más ricos e influyentes que hace ochenta años. El hecho es que hay unos 60 países que nunca han tenido un escaño hasta la fecha y hay zonas enteras del mundo que están poco o nada representadas. Y las organizaciones regionales y continentales (la Unión Europea, la Unión Africana, la Comunidad de Estados Latinoamericanos y Caribeños, la Asociación de Naciones del Sudeste Asiático) no tienen sitio.

Por tanto, es necesaria una reforma valiente del Consejo de Seguridad de la ONU.

En primer lugar, es necesaria una ampliación significativa del Consejo de Seguridad para garantizar una representación más justa de los 193 Estados miembros y, en particular, para remediar la actual infrarrepresentación regional[9] de África, Asia-Pacífico y América Latina. El único criterio de elegibilidad formalmente establecido en la Carta de la ONU es «la contribución de los miembros de la organización al mantenimiento de la paz y la seguridad internacionales» (art. 23). Este criterio puede mantenerse, pero, al menos en perspectiva, debe reconocerse a todos los países, sin excepción, una participación y una influencia reales y equitativas en la toma de decisiones.

Además, deben mejorarse los métodos de trabajo del Consejo para hacerlo más transparente e inclusivo, no sólo frente a la Asamblea General y otros órganos de la ONU, sino también frente a los Estados miembros y las organizaciones regionales.

Por último —y es el verdadero punto delicado—, el mantenimiento del poder de veto requiere una cuidadosa consideración: el Consejo de Seguridad queda institucionalmente paralizado cada vez que se atenta contra los intereses de uno de sus cinco miembros permanentes

_____

[9] Ciertamente, la creación de un puesto europeo en el Consejo de Seguridad es difícilmente viable (al menos en la actualidad): tanto porque los países europeos que ocupan un puesto permanente —Francia y Gran Bretaña— se oponen firmemente a ello, ya que no quieren renunciar a su posición privilegiada; como porque la Carta de la ONU no prevé que las organizaciones regionales, como la UE, se conviertan en miembros, requisito indispensable para poder tener un puesto en el Consejo; y porque en muchas cuestiones de política exterior los países de la Unión no tienen una posición común: mientras no cambie la regla de la unanimidad en política exterior, la propuesta de un puesto europeo seguirá pareciendo poco realista.

(China, Francia, Reino Unido, Rusia y Estados Unidos) con este poder. Como mínimo, debería establecerse que, en caso de atrocidad masiva en la que esté implicado un miembro permanente, se suspenda su participación hasta que las atrocidades hayan terminado.

Soy plenamente consciente de que se trata de una propuesta utópica.

De hecho, cambiar la composición actual del Consejo de Seguridad exigiría modificar el artículo 23 de la Carta de la ONU, que, como es bien sabido, es una «constitución rígida», para la que se requiere una mayoría determinada[10].

Más concretamente, una enmienda a la Carta puede adoptarse: por el voto a favor de 2/3 de los Estados que componen la Asamblea General de la ONU o por el voto a favor de la mayoría —incluidos 9 miembros del Consejo de Seguridad— de los Estados miembros que voten en una conferencia general convocada especialmente por la Asamblea General para llevar a cabo una revisión de la

---

[10] Sólo existe un precedente de modificación de la composición del Consejo de Seguridad: en 1963, cuando, como consecuencia del proceso de descolonización, el número de Estados miembros pasó a 117. En ese año, el número de miembros no permanentes se incrementó de 6 a 10. El número de permanentes permaneció invariable en 5. Así, el número total de miembros pasó de 11 a 15. Este cambio fue aprobado por la Asamblea General (por mayoría de 2/3), a pesar del voto en contra de dos miembros permanentes del Consejo de Seguridad (Francia y la URSS) y de la abstención de otros dos (Gran Bretaña y Estados Unidos). China fue el único miembro permanente del Consejo de Seguridad que votó a favor. Sin embargo, la decisión fue ratificada posteriormente por todos los miembros permanentes, por lo que pudo entrar en vigor en 1965. De este modo, la mayoría necesaria para la toma de decisiones pasó de 7 de 11 miembros a 9 de 15 miembros.

Carta. En ambos casos, para la posterior entrada en vigor de la enmienda adoptada, se requiere el voto afirmativo de 2/3 de los Estados miembros, incluidos los 5 miembros permanentes del Consejo de Seguridad.

En última instancia, se concede a cada uno de los miembros permanentes el derecho a vetar la entrada en vigor efectiva de cualquier enmienda a la Carta de la ONU, aunque cuente con el apoyo de una amplia mayoría de la Asamblea General.

Ninguno de los miembros permanentes estaría dispuesto a dar su consentimiento a una enmienda de la Carta que ya no incluyera su derecho de veto.

Sin embargo, es insensato pensar que un Estado, implicado en la violación de los principios de la Carta de la ONU, pueda ser al mismo tiempo miembro del Consejo de Seguridad, dotado del poder de veto.

La verdad es que el Consejo de Seguridad se paraliza institucionalmente cada vez que se atenta contra los intereses de uno de sus cinco miembros permanentes (China, Francia, Reino Unido, Rusia y Estados Unidos) con poder de veto[11]: el voto negativo de uno de los cin-

---

[11] Desde 1945, los miembros permanentes han utilizado el derecho de veto unas 300 veces. En particular, en 2011, ante la represión de Bashar Assad contra la oposición en Siria, algunos países presentaron una resolución para condenar las «graves y sistémicas violaciones de los derechos humanos» y amenazar con tomar medidas, pero la resolución fracasó debido al veto de Moscú y Pekín. En 2014, la condena de la anexión rusa de Crimea fracasó debido al veto de Moscú. Desde 1972, sobre el conflicto Israel-Palestina y los territorios ocupados, Estados Unidos ha vetado 29 resoluciones, mientras que en los últimos 30 años Rusia ha ejercido su veto 17 veces sobre cuestiones de Oriente Medio y Siria.

co miembros permanentes (el llamado veto) es suficiente para anular la decisión.

Incluso ante la invasión de Ucrania, el Consejo de Seguridad de la ONU mostró su impotencia. El 26 de febrero de 2022, se reunió para debatir una resolución contra la agresión rusa, pero no adoptó ninguna resolución; el 5 de abril, se reunió para condenar la masacre de Bucha, pero no llegó a ninguna condena formal. En ambos casos, el tema de debate afectaba al Gobierno de Moscú, uno de los cinco miembros permanentes del propio Consejo.

La proliferación de crisis y conflictos impone la urgente responsabilidad de hacer del Consejo el órgano adecuado para afrontar el compromiso requerido. A menos que se quiera pensar en el colapso de las Naciones Unidas y la creación de una nueva organización intergubernamental, como ocurrió tras la Segunda Guerra Mundial con la Sociedad de Naciones.

2. EL FUNDAMENTO Y CATÁLOGO DE LOS DERECHOS DE LA PERSONA

El tema de los derechos fundamentales, como sabemos, es terreno abonado para dos formas de expresión distintas: la de la celebración retórica y la de la exégesis textual.

En total, el Consejo de Seguridad sólo ha permitido su intervención en una situación de crisis grave en ocho ocasiones: dos de ellas antes de la caída de la Unión Soviética (en Corea del Sur, que había sido invadida por Corea del Norte en 1950; y en Kuwait, que en 1990 había sido invadido por el Irak de Saddam Hussein) y los demás desde entonces (en Somalia, en 1992; en Bosnia Herzegovina, en 1993; en Haití, en 1994; en Afganistán, en 2001; en Irak, en 2002 y 2003; en Libia, en 2011).

Estas dos formas, que a menudo se contaminan mutuamente, ocultan ambas el innegable carácter problemático del tema: «¿Estamos realmente todos de acuerdo sobre los derechos fundamentales, en el sentido de que pueda registrarse un consenso universal sobre ellos?».

Esta pregunta, planteada por Sergio Cotta en su célebre ensayo de finales de los años ochenta[12], sigue siendo hoy tan pertinente como siempre.

Para responder a esta pregunta, sería necesario reflexionar sobre el fundamento de los derechos de la persona y sobre cuáles y cuántos son estos derechos.

En particular, con respecto al fundamento, cabe destacar aquí que:

a) la actividad interpretativa, dirigida a identificar el significado y el contenido de los derechos individuales, se caracteriza por una amplia discrecionalidad y, por tanto, la argumentación justificativa difícilmente puede eludir la cuestión del fundamento racional;

b) con el paso de los años y, en particular, con la proliferación de las declaraciones de derechos, estos se han hecho cada vez más numerosos, con la consecuencia de que los conflictos entre derechos reivindicados por distintos sujetos son cada vez más frecuentes y, por tanto, se impone un acto de ponderación que difícilmente puede eludir la cuestión del fundamento racional;

c) el ejercicio de cualquier derecho individual (especialmente los derechos sociales) presupone políticas de

---

[12] Cotta, *Actualidad y ambigüedad de los derechos fundamentales* (publicado en *Diritto, persona, mondo umano*, Turín, 1989, p. 95 ss.).

gasto, que garantizan su protección y que deben justificarse en un contexto democrático: circunstancias que, una vez más, cuestionan el debate sobre el fundamento racional;

d) la compleja relación entre los derechos y la democracia, por una parte, y, por otra, las cuestiones vinculadas al multiculturalismo —al plantear interrogantes polifacéticos sobre el número y la titularidad de los derechos, así como sobre la determinación de su contenido— evocan una vez más la reflexión sobre el fundamento racional de los derechos que se desea reconocer y proteger.

Todos los factores mencionados, si bien desalientan cualquier celebración retórica, tampoco favorecen la mera exégesis de los textos: lo cierto es que la colocación de la persona en el centro del ordenamiento jurídico impone al jurista de nuestro tiempo un esfuerzo de reflexión responsable.

En esta perspectiva, no se puede escapar a las numerosas ambigüedades que caracterizan a los derechos fundamentales:

— el valor de la dignidad, que en la tradición jurídica de algunos países (por ejemplo, Europa Occidental) está estrechamente vinculado al valor de la libertad y al sentido de la responsabilidad, en la perspectiva constitucional (y bioética) de otros países (por ejemplo, Norteamérica) adquiere otra dimensión, subjetiva, enteramente confiada a la autonomía del individuo, sin límites ni condicionamientos de ningún tipo, casi como un fin en sí mismo;

— la propia solidaridad, que en algunos ordenamientos jurídicos constituye un deber primario de cada individuo (como en la Constitución italiana, que evoca la solidaridad en su artículo 2), tiene un alcance sustancialmente distinto y no puede asimilarse a la beneficencia exhortativa de la tradición norteamericana y anglosajona;

— en materia de derechos de la persona, existe un fuerte peligro de hacer «un uso ideológico de la categoría de derecho subjetivo»[13], consistente en extender esta situación jurídica activa a cualquier interés considerado (por el intérprete) digno de protección compensatoria;

— en algunos ordenamientos jurídicos (por ejemplo, en Italia) el término intimidad se utiliza como sinónimo de «derecho a la confidencialidad», o «derecho a la privacidad»; mientras que en otros incluye también el derecho a la autonomía personal y a la autodeterminación.

También es necesario reflexionar sobre cuáles y cuántos son (o deberían ser) los derechos fundamentales de la persona humana.

Es esta una cuestión de por sí problemática, a la vista de la pluralidad de las culturas. La experiencia jurídica italiana (se pueden hacer consideraciones similares para cualquier

---

[13] La expresión es de VERCELLONE, *Personalidad* (*derechos de*), en *Novissimo Digesto Italiano*, vol. XII, 1965, p. 1085.

otro país) demuestra que el catálogo de los derechos de la persona es un catálogo abierto, en el que la ubicación de tal o cual derecho no se da en absoluto por supuesta.

El carácter problemático de la formación de un catálogo de derechos personales es aún mayor si de los ordenamientos jurídicos nacionales pasamos a examinar los supranacionales.

Por lo que respecta a la Unión Europea, la referencia que hace el apartado 3 del artículo 6 del Tratado de la Unión Europea a los derechos fundamentales (garantizados por el Convenio Europeo para la Protección de los Derechos Humanos y de las Libertades Fundamentales, resultantes de las tradiciones constitucionales comunes a los Estados miembros[14] y destinados a servir de principios generales del Derecho de la Unión) no basta por sí sola para identificar de forma clara y bien definida un catálogo de derechos fundamentales comunes a todos los Estados de la Unión.

El esfuerzo por situar la noción de derechos fundamentales en un contexto jurídico no fragmentado por las fronteras nacionales de los Estados miembros es ciertamente loable. Pero no cabe duda de que es difícil identificar

---

[14] Desde 1970, el Tribunal de Justicia también ha identificado los derechos fundamentales en las tradiciones constitucionales comunes a los Estados miembros (sentencia de 17 de diciembre de 1970, asunto 11/70, Internationale Handelsgesellshaft). GROSSI, *Ritorno al diritto*, Bari, 2015, 21, utilizó esto como argumento para definir el Derecho europeo como predominantemente jurisprudencial. En efecto, si es de la síntesis de las distintas Constituciones nacionales de donde debe deducirse el carácter fundamental de un derecho, es evidente el papel decisivo que un órgano jurisdiccional supranacional, como el Tribunal de Justicia, está llamado a desempeñar en el funcionamiento de esa síntesis.

con suficiente precisión el conjunto de derechos que deben entenderse como fundamentales extrapolándolos de ordenamientos jurídicos diferentes, que en algunos países se basan en cartas constitucionales orgánicas y tendencialmente completas, pero que en otros no descansan necesariamente en textos constitucionales escritos.

Por otra parte, no siempre es fácil comparar las tradiciones constitucionales comunes mencionadas con los dictados expresados por los propios Tratados de la Unión Europea, que tienden a ser orgánicos, como las Constituciones nacionales, pero mucho menos completos y ampliamente completados por la labor jurisprudencial del propio Tribunal de Justicia[15].

La Carta de Niza, que ya forma parte integrante de los Tratados de la Unión, enuncia una serie de derechos fundamentales, admitiendo posibles limitaciones a los mismos en presencia de razones de interés general y en cumplimiento del principio de proporcionalidad, pero sin enmarcarlos en un contexto jurídico bien definido.

Dificultades similares se plantean en relación con el CEDH[16], en cuyo texto es ciertamente posible reconocer

---

[15] En su dictamen de 18 de diciembre de 2014 sobre la propuesta de adhesión al CEDH, el Tribunal de Justicia afirma que la Unión Europea está «dotada de un ordenamiento jurídico de un tipo nuevo, que posee una naturaleza específica propia, un marco constitucional y unos principios fundadores que le son propios, una estructura institucional particularmente elaborada y un conjunto completo de normas jurídicas que garantizan su funcionamiento».

[16] Para un repaso conciso del catálogo de derechos y libertades garantizados por el CEDH, véase DI STASI, en *Cedu e ordinamento italiano* editado por Di Stasi, Milán-Padova, 2016, 13 y ss.

un catálogo de «derechos humanos», a los que resulta plenamente adecuada la calificación de derechos fundamentales (aunque este último adjetivo se utilice con referencia únicamente a las libertades), pero en un sentido que no siempre se corresponde plenamente con aquel en el que los derechos constitucionales pueden definirse como fundamentales: precisamente porque el convenio no da lugar a un ordenamiento jurídico completo, dentro del cual determinados derechos (o «principios») están llamados a servir de fundamento respecto del resto de las disposiciones que componen dicho ordenamiento. Esta circunstancia no deja de plantear problemas, sobre todo cuando se trata de insertar uno de esos derechos, con rango de derecho fundamental, en el cuerpo normativo, por lo demás instrumental.

Véase para todos el ejemplo del derecho de propiedad, cuya colocación en el rango de los derechos fundamentales parece mucho más fácil desde la perspectiva del CEDH y de la perspectiva del CEDH y de la Carta de Derechos de la Unión que desde la perspectiva de la Constitución italiana.

En última instancia —por mucho que se insista en la inviolabilidad de los derechos fundamentales— hay que reconocer que, en realidad, siempre es difícil gestionar un catálogo de tales derechos desvinculado de un ordenamiento jurídico en el que también incluye deberes y, por tanto, de cualquier criterio de ponderación preestablecido.

En línea puramente teórica, estas dificultades podrían remediarse sólo a través de una concepción estrictamente monista del ordenamiento jurídico europeo, con una verdadera constitución continental en su cúspide: lo que, sin embargo, parece bastante utópico por el momento[17].

Las mayores dificultades a las que hay que enfrentarse surgen cuando son los mismos derechos fundamentales los que entran en conflicto entre sí y se plantea, por tanto, un problema de graduación o de equilibrio.

Entramos aquí en un ámbito en el que el margen de apreciación del intérprete es inevitablemente muy amplio y la comparación entre los distintos órganos jurisdiccionales, nacionales y europeos, se hace a la vez más necesaria y complicada. Complicada también por el hecho de que la reconocida primacía del Derecho europeo sobre los derechos nacionales debe conciliarse con la concepción dualista de los sistemas jurídicos, de modo que no existe una relación jerárquica, sino sólo una distinción de competencias, entre los tribunales. Y se complica aún más porque el propio reconocimiento de la primacía del Derecho europeo no es absoluto, sino que adolece de los conocidos «contralímites»[18], de

---

[17] Se considera, sin embargo, la opinión de Ruggeri (ID, *Costituzione, sovranità, diritti fondamentali in cammino dallo Stato all'Unione europea e ritorno, ovverosia circolazione dei modelli costituzionali e adattamento dei relativi schemi teorici*, sulla rivista on line federalismi.it, 2016, n. 11, en particular 23), según la cual un orden constitucional de la Unión ya existe, aunque no plenamente formado. Y debe considerarse como «una especie de obra en curso tendente al objetivo de una federalización».

[18] La teoría de los «contralímites», bien asentada desde hace tiempo en la jurisprudencia constitucional, si bien reconoce la primacía del derecho comunitario, excluye que pueda prevalecer sobre los principios fundamentales del ordenamiento jurídico y los derechos inalienables de la persona humana garantizados por la Constitución.

los que el Tribunal Constitucional ha sido precursor en el sistema jurídico italiano[19].

3. La identificación de «nuevos derechos» y la politización del poder judicial

Las constituciones modernas son «rígidas», es decir, sólo pueden modificarse mediante procedimientos complejos. Reconocen derechos individuales y deberes de solidaridad, que son decisivos para el mantenimiento de la

---

En doctrina, RUGGERI, *Il primato del diritto dell'Unione sul diritto nazionale*, en *Il filo delle tutele nel dedalo d'Europa* (a cura di Elena Falletti e Valeria Picone), 2016, Napoli, p 101 y ss.; y *Costituzione, sovranità, diritti fondamentali*, cit. (esp. P. 5 y p. 18), donde el autor no duda en calificar la tradicional concepción defensiva de los contralímites, si se contempla en la lógica de la separación de los ordenamientos jurídicos, como un auténtico calambre mental, abogando en cambio por la europeización de los contralímites, basada en el art. 4.2 TUE (a la luz del cual «la violación por la Unión de los principios que rigen la estructura de cada Estado miembro [...] tiene como consecuencia la violación de un principio fundamental de la propia Unión»).

[19] A este respecto, cabe recordar el Auto n. 24/2007, en el que el Tribunal Constitucional italiano, tras reafirmar su reconocimiento de la primacía del Derecho de la UE, afirma con toda claridad (aunque sin utilizar la expresión «contralímites») que la condición para que dicho Derecho pueda aplicarse en Italia es que no comprometa «la observancia de los principios supremos del ordenamiento constitucional italiano y de los derechos inalienables de la persona»; y añade perentoriamente que, en la hipótesis (definida como altamente improbable) en que esto ocurriera, «sería necesario declarar la ilegitimidad constitucional de la ley nacional que autorizó la ratificación e hizo ejecutivos los tratados, por la única parte en que permite que esa hipótesis tenga lugar».

democracia y, por esta misma razón, se sustraen al principio mayoritario, que impera en los parlamentos.

Además de estos derechos y deberes, puede haber derechos que no estén expresamente previstos en el dictado constitucional y que, por esta razón, se denominan «nuevos».

Estos nuevos derechos son generalmente afirmados en la legislación por los parlamentos nacionales y su afirmación es el resultado de mediaciones entre las distintas fuerzas políticas.

Pero también pueden ser el resultado de la elaboración jurisprudencial de los tribunales constitucionales nacionales, al interpretar los principios fundamentales enunciados en cada texto constitucional[20].

---

[20] En los últimos decenios, la jurisprudencia ha afirmado nuevos derechos, antes no reconocidos por ninguna carta constitucional ni declaración internacional.

Este fenómeno es positivo en sí mismo, pero es necesario evitar derivas individualistas, que chocan con el modelo de sociedad, personalista y pluralista, subyacente en la mayoría de los Estados constitucionales modernos.

De ahí la necesidad de elaborar y estructurar un estatuto de los derechos de la persona, el más universalmente válido: a este respecto, un criterio fundamental de discernimiento es el reconocimiento de la dignidad y de la relacionalidad de toda persona humana, a partir de la formación del genoma.

Incluso en cuestiones éticamente delicadas, la determinación de un equilibrio razonable entre necesidades opuestas corresponde en primer lugar a los legisladores nacionales, pero son los tribunales constitucionales nacionales los encargados de verificar la razonabilidad y proporcionalidad del acto de equilibrio, alcanzado en la legislación.

El análisis razonado de las soluciones alcanzadas, también en función crítica respecto a posibles involuciones contrarias a las Constituciones nacionales, y la elaboración razonada de posibles alternativas

En términos generales, debe considerarse que todo nuevo derecho restringe el margen de efectividad de otros derechos individuales preexistentes con los que debe equilibrarse y, por otro lado, determina la configurabilidad de un nuevo deber a cargo de otros ciudadanos. En ambos sentidos, todo nuevo derecho del que es titular un sujeto (o una categoría de sujetos) restringe los espacios de libertad previamente ejercidos por otros sujetos.

Por esta razón, es necesario resistir a la tentación de «politizar la justicia», es decir, de prever el recurso a los tribunales nacionales o de pensar en el juicio de legitimidad constitucional como un instrumento para resolver problemas que los parlamentos nacionales no han podido o no han querido resolver.

Nadie duda de que la intervención del juez para la protección de los derechos previstos en las cartas constitucionales o afirmados en la legislación por los parlamentos nacionales, es indispensable para el funcionamiento de la democracia.

Sin embargo, confiar al juez (aunque sea constitucional) la tarea de reconocer nuevos derechos, es decir, derechos que carecen de una base legislativa específica, puede ser peligroso. A corto plazo puede dar la sensación positiva de protección de un abanico más amplio de situaciones subjetivas que se consideran desatendidas por la política y merecen una garantía adecuada en los tribunales, pero a largo plazo puede acarrear repercusiones negativas para el sistema político constitucional.

---

constituyen una de las aportaciones más importantes que la academia puede hacer a la experiencia jurídica contemporánea.

La cuestión es que no se puede pedir al tribunal que decida en lugar de la política: es necesario deshacerse de la idea de que las cuestiones políticas pueden ser resueltas por los tribunales.

Si la mayoría gobernante no lo hace, el remedio debe encontrarse en la oposición, el control de la opinión pública, los medios de comunicación y los movimientos ciudadanos.

El riesgo de la «politización de la justicia» es entregar la configuración de nuevos derechos al principio mayoritario de los tribunales judiciales, después de arrebatarla a la mayoría parlamentaria.

Pero no está nada claro por qué razón teórica la mayoría, en el seno de un tribunal judicial (o la mayoría de los tribunales judiciales nacionales), debería ser más fiable que la mayoría de un parlamento nacional.

No puede pasarse por alto la diferencia fundamental entre el pronunciamiento de un tribunal judicial, el pronunciamiento de un tribunal constitucional y una decisión parlamentaria. El pronunciamiento de cualquier tribunal nacional sólo tiene valor en el caso planteado ante el tribunal que emitió dicho pronunciamiento. La sentencia que declara la inconstitucionalidad de una norma ordinaria, dictada por un tribunal constitucional, sí tiene valor *erga omnes*, pero siempre dentro de la correspondencia o contraste de dicha norma ordinaria con el parámetro de constitucionalidad invocado. Sólo la decisión parlamentaria tiene pleno valor *erga omnes* en sentido absoluto; y, precisamente por ello, no se limita generalmente (o no debería limitarse) al mero reconocimiento del nuevo derecho individual, sino que fija (o debería fijar) también la disciplina de su concreto ejercicio (lo que, obviamente, ni el tribunal ordinario ni el constitucional pueden hacer).

4. EL EQUILIBRIO ENTRE LOS DERECHOS INDIVIDUALES Y LOS DEBERES DE SOLIDARIDAD

Hay que considerar que los derechos del individuo y los deberes de solidaridad «funcionan juntos».

Si es cierto que toda persona humana es titular de una serie de derechos, que preservan su dignidad y que pueden ser considerados separadamente, también es cierto que, al mismo tiempo, toda persona humana está inserta en una densa red de relaciones sociales, en la que emergen las interrelaciones entre todas las situaciones subjetivas activas y pasivas: si se prescinde de la consideración global de estas relaciones, la enunciación de la dignidad de la persona humana individual corre el riesgo de resolverse en mera retórica.

Por otra parte, su dignidad no es algo que pertenezca sólo al individuo, precisamente porque todos son partícipes del patrimonio común de la humanidad. No se agota en la afirmación de los derechos individuales, sino que necesariamente se manifiesta también en la capacidad de responsabilizarse de los demás.

Por tanto, su dignidad remite a la solidaridad. Del mismo modo que los derechos, los deberes también se «sistematizan» entre sí, al igual que los derechos y los deberes.

Hay que convencerse de que, entre los primeros y los segundos, existe una interdependencia necesaria[21]: ambos

---

[21] La relación entre derecho y deber fue magistralmente expresada por Norberto BOBBIO (*L'età dei diritti*, 3 ed., Turín, 1997, p. 55): «El

contribuyen a formar la trama del tejido social. Entre las situaciones jurídicas subjetivas fundamentales no hay ni un *prius* ni un *posterius*, precisamente porque todas son igualmente fundamentales: todas caracterizan la esencia constitucional, aunque todas están sujetas a operaciones de «equilibrio»[22].

El recurso a la ponderación, como técnica de aplicación de los principios, es necesario siempre que surja un conflicto entre principios diferentes en una situación determinada. Sin embargo, no hay que olvidar que el juicio de ponderación es en sí mismo un juicio de valor, ya que

---

derecho y el deber son como el lado bueno y el lado malo de una medalla. [...]. En la historia del pensamiento moral y jurídico esta medalla se ha mirado más desde el lado de los deberes que desde el lado de los derechos», al menos hasta que maduró la transición del código de los deberes al código de los derechos, «de la prioridad de los deberes a la prioridad de los derechos». El propio Bobbio, pocos años después de haber señalado en la edad de los derechos el «*signum prognosticum* del progreso moral de la humanidad», escribió: «Si aún me quedaran algunos años de vida, que no me quedarán, estaría tentado de escribir "La edad de los deberes"».

Véase también VIOLANTE, *Il dovere di avere doveri*, Turín, 2014, p. 64, quien estigmatizó la necesidad de «deberes fuertes para derechos fuertes», explicando que: «Sin una cultura y una práctica de los deberes, los ciudadanos se mueven como mónadas aisladas y arriesgadas, pierden la idea de pertenecer a una comunidad; cada uno actúa en su propio y exclusivo interés utilizando sus derechos subjetivos como arma dirigida contra los demás».

[22] La dignidad de la persona humana es refractaria a la ponderación con cualquier otro bien constitucionalmente protegido. Ello se debe a que es una condición previa: tanto para el reconocimiento y la protección efectiva de cualquier derecho fundamental como para el cumplimiento de los deberes de solidaridad constitucionalmente prescritos.

implica establecer la relación que surge entre los dos principios, con respecto a la situación normativa en la que colisionan.

Así pues, la lógica que subyace a la ponderación tiene el inconveniente de ser susceptible de disolver los principios en valoraciones, que en última instancia pueden ser subjetivas e imprevisibles. Para evitar que esto ocurra, la doctrina lleva tiempo ejercitándose en la búsqueda de esquemas lógicos[23] capaces, si no de eliminar, al menos de contener el citado inconveniente (y así compensar la elasticidad del principio de proporcionalidad estabilizando los métodos de verificación de su cumplimiento) siempre que dos principios entren en conflicto.

Derechos y deberes, en igual medida, están llamados a caracterizar los fines primarios que todo sistema social y político persigue. Cada derecho y cada deber no es una

---

[23] El esquema científico más famoso es probablemente el elaborado por Robert Alexy (*Constitutional Rights and Proportionality*, in *Revus. Journal for Constitutional Theory and Philosophy of Law*, 2014, n. 22., pp. 52-55). Otro esquema general del test de proporcionalidad fue elaborado por Roberto Bin, ya en la década de 1990 (*Diritti e argomenti*, Milán, 1992). Además, existen esquemas de alcance más limitado (para más detalles, véase RUGGERI–SPADARO, *Lineamenti di giustizia costituzionale*, Turín, 2019, 147 ss.).

Un caso escolar de conflicto entre distintos principios es el de la interrupción voluntaria del embarazo, en el que entran en juego, por un lado, el derecho a la vida del nasciturus y, por otro, el derecho a la salud de la madre. A pesar de la especial delicadeza de la cuestión, en los países que permiten este tipo de interrupción, los tribunales constitucionales nacionales evitan en la mayoría de los casos pronunciarse sobre la equidad y razonabilidad del acto de equilibrio llevado a cabo en la legislación.

mónada aislada, sino que interactúa con el sistema de derechos y deberes propio de cada sistema.

Una valoración atomizada de los derechos puede ser propia de una carta de derechos (como el CEDH y la Carta de Derechos Fundamentales de la Unión Europea y, por extensión, del Tribunal Europeo de Derechos Humanos y del Tribunal de Justicia), pero no de una constitución nacional y, por extensión, del correspondiente tribunal constitucional que, en razón de su función, está necesariamente llamado a realizar valoraciones sistémicas (y, en consecuencia, operaciones de ponderación) no sólo entre derechos individuales, sino también entre derechos individuales y deberes de solidaridad.

La política de derechos sitúa la garantía de los derechos del individuo en el centro de los sistemas democráticos. Y esto es un mérito indudable.

Pero la política de derechos, si amplía la categoría de los derechos hasta hacerlos coincidir con todo lo que pueda parecer deseable y si descuida el papel de los deberes de solidaridad, debilita esa democracia que querría consolidar.

La cuestión es que llevar el campo de los derechos hasta la frontera de los deseos constituye un intento de dar un ropaje jurídico a opciones individuales u orientaciones políticas, a menudo vinculadas a valores constitucionales, pero que no pueden asimilarse a derechos subjetivos con el rigor científico necesario.

Por otra parte, los derechos se convierten en instrumentos de democracia y de realización de legítimas reivindicaciones individuales cuando pueden contar con la unidad política y los deberes de solidaridad como valores que sustentan el proceso civilizatorio del país y garantizan su desarrollo. De lo contrario, se convierten en factores de egoísmo individual, descomposición social y atraso civilizatorio. En pocas palabras: las democracias se desarrollan a través de la afirmación de los derechos, por lo que sin derechos no hay democracia. Sin embargo, se consolidan a través de la práctica de los deberes, razón por la cual una democracia sin deberes queda a merced del egoísmo individual y de los conflictos institucionales y se ve privada de los valores de solidaridad y unidad política, piedras angulares de toda forma democrática de gobierno.

Por tanto, lo que se necesita más que nunca es una nueva pedagogía cívica, centrada en el equilibrio entre deberes y derechos, en el principio de responsabilidad y en los valores de solidaridad política, económica y social: sin una cultura y una práctica de los deberes, los ciudadanos se mueven como mónadas aisladas, pierden la idea de pertenecer a una comunidad y corren el riesgo de acabar actuando en su propio y exclusivo interés.

En definitiva, los deberes de solidaridad, lejos de representar para el hombre la contrapartida de la protección que le ofrece el ordenamiento constitucional o una limitación de los derechos inviolables, son en sí mismos un instrumento para la realización de la persona en la medida en que garantizan un desarrollo armónico de las relaciones sociales, requisito indispensable para una vida libre y humana[24].

---

[24] Scalisi, *Il valore della persona nel sistema ed i nuovi diritti della personalità,* Milán, 1990, p. 38.

5. La cuestión antropológica

Por último, en mi opinión, hay que tener el valor de abordar la llamada cuestión antropológica.

A nadie se le escapa la complejidad del abigarrado contexto histórico actual (multiétnico, multicultural y multirreligioso); y el hecho de que, en nuestros días, en el plano de los derechos fundamentales de la persona humana, se están produciendo «dinámicas de época»: tanto en referencia a las relaciones entre ciudadanos y autoridades, como en referencia a las relaciones entre distintos tipos de orden.

Desde el primer punto de vista, las siguientes consideraciones de Robert Spaemann me parecen incomparables, además de siempre actuales[25]:

> Si ante un ser vivo de la especie humana alguien estuviera autorizado a cuestionarse si es realmente sujeto de derechos, esa persona podría privar a otros de sus derechos en virtud de propiedades que no dependen de su libre albedrío (condición evolutiva, color de piel, etc.).
>
> Entonces los derechos humanos no serían derechos inherentes a la condición humana, sino una concesión de la persona o personas que pueden decidir quién es jurídicamente humano.
>
> Si decimos, por ejemplo, que el feto merece protección jurídica a partir del 14.º o del 90.º día, es evidente que la vida humana quedaría enteramente en nuestras manos, porque sólo llegaría al 14.º o al 90.º día quien haya sido

---

[25] Spaemann, *Discussions on Life 'Worth Living'*, en Culture and Books, IV, 506-512.

respetado durante el período anterior. La base del respeto ya no sería la condición humana, sino la aceptación benévola y gratuita por parte de los padres, la sociedad o el Estado. La vida sería entonces una concesión, y ya no un derecho humano inalienable.

En este sentido, puede decirse que el modo mismo en que un embrión o feto se convierte en niño, en joven y en adulto implica que debe ser tratado ya de antemano, no como una cosa, sino como lo que es: un ser humano. Si hubiera que tratarlo como una cosa hasta que se manifestaran en él los primeros signos de razón, de capacidad de relación o de cualquier otro criterio convencional de humanidad, estos primeros signos nunca se manifestarían.

La idea de derecho humano implica que quien ha sido concebido por una madre humana posee desde el primer instante el derecho a un crédito de humanidad.

En cuanto a las relaciones entre los distintos tipos de ordenamientos jurídicos, los juristas de todo el mundo —mediante la comparación de la jurisprudencia y la legislación de los distintos países[26]— se dedican hoy a la búsqueda de conexiones horizontales que permitan reconstruir una especie de patrimonio común de derechos fundamentales[27], heterogéneamente

---

[26] La comparación reviste una importancia fundamental en la actualidad, como viene subrayando desde hace tiempo una cuidadosa doctrina. Véase, en particular, REPETTO, *Argomenti comparativi e diritti fondamentali in Europa*, Nápoles, 2011.

[27] Tal patrimonio común sería, en última instancia, el producto de «convergencias interpretativas» de los jueces de los distintos Estados y jurisdicciones supranacionales sobre determinados valores fundantes

compuesto por principios deducibles del Derecho internacional consuetudinario, de los convenios internacionales multilaterales, de la participación de los Estados en organizaciones supranacionales, de las constituciones nacionales, etc.[28].

Para darnos cuenta del alcance actual del debate sobre los derechos de la persona, basta considerar que en el ordenamiento jurídico de muchos países se tiende a basar los derechos de la persona en dos principios[29]: el de libertad individual, entendido como autonomía y autodeterminación de los individuos en su vida privada (principio de privacidad), y el de no discriminación,

---

que deben considerarse inviolables por su contenido: así ZAGREBELSKY, *La legge e la sua giustizia*, Bolonia, 2008, pp. 398 y 410.

[28] A estas limitaciones se añaden, para los países europeos que son parte en el Convenio CEDH o que son miembros de la Unión Europea, las derivadas del Derecho convencional y del Derecho europeo, tal como han sido interpretadas respectivamente por el Tribunal del CEDH de Estrasburgo y por el Tribunal de Justicia de Luxemburgo.

[29] Así, Marta CARTABIA, *I «nuovi» diritti*, en *Stato, Chiese e pluralismo confessionale*, Rivista telematica (www.statoechiese.it), febrero de 2011, pp. 1-19, quien, inspirándose en algunas sentencias del Tribunal Europeo de Derechos Humanos sobre el tema de la fecundación asistida y el matrimonio entre personas del mismo sexo, observa que los artículos 8 y 14 de la Convención, especialmente cuando se consideran conjuntamente, se prestan a ser interpretados como cláusulas abiertas a la producción «potencialmente ilimitada» de nuevos derechos. Concluye afirmando que puede ocurrir que, «en lugar de servir al propósito original de baluarte de la persona humana contra la degeneración del poder, los propios derechos humanos se conviertan —quizás de buena fe— en instrumentos del ejercicio del poder».

entendido como atribución de iguales derechos a quien o quienes son diferentes.

Sin embargo, la libertad de autodeterminación, si se entiende no como libertad frente a limitaciones externas, sino como liberación de toda forma de condicionamiento fáctico y relacional, conduce a la construcción de un concepto de persona humana como individuo abstracto, desvinculado de toda relación.

Invocando el principio pluralista hacia el libre despliegue de la personalidad, se llega a la afirmación de que a la autodeterminación individual y a sus nuevas proyecciones sociales no se les pueden oponer otros límites que los derivados del respeto a la libertad de autodeterminación de los demás.

Detrás de este escenario se vislumbra una «revolución antropológica» a la que el pensamiento contemporáneo se pliega a veces como un árbol doblado por el viento impetuoso[30].

Sería ingenuo pensar que se puede abordar esta dinámica sin una concepción precisa de la persona, titular de derechos, que se quiere afirmar solemnemente.

---

[30] Así, DONATI, *Il diritto di famiglia come diritto relazionale*, en *Il diritto della famiglia e delle persone*, 2022, 4, p. 1672, para quien: «El fundamento de los derechos de la persona ya no es la dignidad humana, basada en la ontología de la persona, de algún modo presupuesta a los hechos empíricos, sino que es la autodeterminación subjetiva. Los dos principios (del derecho a la intimidad y a la no discriminación) conducen hacia una sociedad de individualismo perfecto, donde las relaciones son ciertamente buscadas y deseadas, pero como proyecciones del propio yo».

En esta perspectiva, en mi opinión, debe subrayarse el hecho de que el ser humano es persona en virtud de su naturaleza: no se convierte en persona por la posesión efectiva de determinadas propiedades, ni por el ejercicio efectivo de determinadas funciones, ni por realizar (de modo empíricamente constatable) determinadas acciones.

En otras palabras, para el reconocimiento de la condición de persona sólo es relevante la pertenencia, por nacimiento, a la especie humana, con independencia de la manifestación externa en acto de determinadas características, operaciones y comportamientos.

Es necesario considerar que el valor y los derechos de la persona se basan en la naturaleza humana, con independencia del ejercicio de determinadas funciones, como la sensorial (en un nivel mínimamente consciente y en un nivel superior autoconsciente) o la cerebral.

El cigoto, el embrión, el feto, el recién nacido son «ya personas», mientras que el moribundo, el anciano, el demente, el minusválido, el comatoso son «todavía personas».

Las etapas de la «vida temprana» (prenatal y postnatal), la «vida terminal» y la «vida marginal» son expresiones de la «vida personal», del mismo modo que la «vida adulta normal».

Caer en la tentación de poner entre paréntesis la cuestión antropológica puede ser útil a corto plazo, pero a largo plazo resulta ilusorio.

Todo ello debe conducir a una mayor reflexión.

Nadie duda de que el pluralismo jurídico contemporáneo, con el papel cada vez más importante que asumen los derechos humanos fundamentales, es un fenómeno que debe acogerse con gran satisfacción.

Sin embargo, hay que preguntarse qué tipo de sociedad se pretende construir.

No se trata de querer fomentar «temas divisorios», sino de tomar conciencia de que sólo desde una visión antropológica precisa es posible alcanzar el objetivo del desarrollo humano integral[31] y, por tanto, una sociedad mejor.

---

[31] En su Carta Encíclica *Populorum Progressio* de 1967, PABLO VI explicó en los siguientes términos lo que se entiende, en el pensamiento social cristiano, por "desarrollo humano integral":

«En el plan de Dios, todo hombre está llamado al desarrollo, porque toda vida es una vocación. Desde su nacimiento, cada uno recibe en germen un conjunto de aptitudes y cualidades que debe hacer fructificar: su pleno desarrollo, fruto a la vez de la educación recibida del ambiente y del esfuerzo personal, permitirá a cada uno orientarse hacia el destino que le propone su Creador. Dotado de inteligencia y libertad, es responsable de su crecimiento, así como de su salvación. Ayudado, y a veces obstaculizado, por quienes le educan y le rodean, cada hombre sigue siendo, cualesquiera que sean las influencias que se ejerzan sobre él, el artífice de su éxito o de su fracaso: por el solo esfuerzo de su inteligencia y de su voluntad, cada hombre puede crecer en humanidad, valer más, ser más.

»Este crecimiento, además, no es facultativo. Así como toda la creación está ordenada a su Creador, la criatura espiritual está obligada a orientar espontáneamente su vida hacia Dios, verdad primera y bien supremo. Así, el crecimiento humano constituye una síntesis de nuestros deberes. Pero hay más: esta armonía de la naturaleza, enriquecida por el trabajo personal y responsable, está llamada a una superación. A través de su inserción en Cristo vivificador, el hombre accede a una nueva dimensión, a un humanismo trascendente, que le da su mayor plenitud: esta es la meta suprema del desarrollo personal. Pero todo hombre es miembro de la sociedad: pertenece a la humanidad entera. No se trata sólo de tal o cual hombre, sino que todos los hombres están llamados a este desarrollo pleno. Las civilizaciones nacen, crecen y mueren. Pero como las olas de la marea alta penetran cada vez un poco más en la orilla arenosa, así avanza la humanidad por el camino de la historia. Herederos de las generaciones pasadas y beneficiarios de la obra de nuestros contemporáneos, tenemos obligaciones para con todos, y no podemos prescindir de los que vendrán después de nosotros para ampliar el círculo de la familia humana. La solidaridad universal, que es un hecho y para nosotros un beneficio, es también un deber».